Spanish for Business and Economics

Spanish for Business and Economics

A READER AND WORKBOOK

SECOND EDITION

Luis Lebredo

University of La Verne

José Fortuny-Amat

Business Consultant

D.C. Heath and Company

Lexington, Massachusetts   Toronto

Palabras preliminares

Los estudiantes de idiomas a nivel universitario se dividen en dos grandes grupos: los que van a la universidad en busca de una especialización («major» o «minor»), y los que sólo los toman para cumplir un requisito. Los segundos son, sin duda, el grupo más numeroso; sin embargo, casi todos los cursos de lengua a este nivel están dirigidos al primer grupo, y de hecho son, o intentan ser, la base de futuros cursos de composición y de literatura. Quizás esto explique por qué la gran mayoría de nuestros estudiantes se gradúa sin dominar al menos un segundo idioma para cualquier fin práctico.

¡Qué distinto sería si, en lugar de cultivar esas mentes para su propio consumo, los departamentos de lengua cumplieran una función interdisciplinaria, y trataran de ofrecer a los estudiantes lo que necesitan para completar mejor su preparación en el campo elegido! En lugar de cursos de base para el estudio de la literatura española o hispanoamericana que nunca tomarán, a los futuros médicos, enfermeros, psicólogos, maestros, trabajadores sociales, hombres y mujeres de negocios, etc., les interesarían mucho estar preparados para atender en su propia lengua a una futura y creciente clientela que no habla inglés.

Sí, sabemos que la función de la universidad no es dar carrera para vivir, pero ¿cuál es el propósito primordial de muchos otros de los cursos que deben tomar los futuros profesionales?

Contenido

A LOS PROFESORES:
A LOS ESTUDIANTES:

Aparece esta segunda edición no sólo con los cambios necesarios para actualizar las referencias a la economía del mundo hispano, sino también con cambios estructurales que estimamos hacen la obra más útil para profesores y estudiantes.

El número de lecciones permanece en 12, pero aparecen varios temas nuevos, y todos los otros han sido reordenados para hacer su presentación más lógica. Luego de una breve introducción a la economía en general, aparecen dos temas nuevos y útiles que presentan la situación actual de la economía en los países de habla hispana. Después aparecen informes sobre los productos básicos de la agricultura, la minería y la industria de España y de la América Latina. Con estos conocimientos básicos el estudiante estará mejor preparado para entender los problemas particulares de algunos de estos países y de nuestras relaciones con ellos.

Los estudios específicos se limitan a España (puesto que su entrada en el Mercado Común la hace muy interesante para nuestros inversionistas); a México (pues nuestra interdependencia económica con aquel país aumenta de día en día —petróleo, gran deuda); a Puerto Rico (porque es un «Estado Libre Asociado», y por nuestras enormes inversiones allí); y a la América Central (porque los conflictos bélicos de la región se explican en parte por su grave crisis económica).

El resto de los temas estudian actividades económicas específicas: banca, transporte, publicidad, comercialización, administración del negocio, etc. Es la parte del libro que se mantiene más fiel a la primera edición. En ella abundan los artículos originales tomados de revistas y periódicos hispanos.

En los ejercicios también ha habido cambios. Se han suprimido los ejercicios de vocabulario demasiado mecánicos y repetitivos. En cambio, se han aumentado los ejercicios creativos: informes, presentaciones, debates; así como las traducciones en ambos sentidos que encontrará el estudiante en su trabajo futuro.

La filosofía de la obra sigue intacta. No vienen a este curso los estudiantes que se interesan en gustar en su propia lengua las grandes obras de la literatura española; pretendemos equipar a los futuros hombres y mujeres de negocios, a los sociólogos, a los políticos, a todos los interesados en conocer los problemas económicos de los países hispanos—y de los hispanos en este país—con un instrumento indispensable en su trabajo: una lengua activa, viva, útil, que les permita comunicarse diestramente. Ponga el profesor el énfasis en la comunicación y satisfará el propósito de los autores y, seguramente, el interés de los estudiantes.

Spanish for Business and Economics

La economía de los países de habla hispana

Lección 1

1. Introducción a la economía
2. La economía de España
3. América Latina: economía y finanzas

1 Introducción a la economía

La economía es, fundamentalmente, un estudio de la escasez y de los problemas que crea. El ser humano tiene necesidades, y la mayor parte de esas necesidades se satisfacen con recursos materiales. Si estos recursos son muy abundantes, como el aire, no tienen valor económico. Por el contario, si escasean, su precio aumenta con el grado de escasez.

Generalmente, los recursos necesarios no están al alcance de la mano. Es necesario encontrarlos y transformarlos. Después, hay que hacerlos llegar a los consumidores. De todo esto se ocupan los hombres y mujeres de negocios. Los negociantes sirven a los consumidores en tres sectores económicos: agricultura, industria y servicios.

En principio, los negociantes intentan obtener el mayor beneficio de su actividad, y los consumidores tratan de conseguir la mejor calidad al precio más bajo. Para satisfacer ambas aspiraciones, las empresas deben ofrecer sus productos a un precio adecuado. El precio en el mercados es, generalmente, el resultado de la relación entre la oferta y la demanda.

Algunas veces, productores y consumidores intercambian productos o servicios: a esto se llama trueque. El trueque es una forma primitiva de intercambio comercial pero, desde la aparición de la moneda, la mayor parte de los productos y servicios se cambian por dinero. Hoy día, este intercambio es mucho más fácil gracias al uso de modernos sistemas de crédito.

La relación directa de productores y consumidores no siempre es fácil. De ahí la aparición de intermediarios que compran a los productores y venden a los consumidores o a otros intermediarios: éstos son los comerciantes.

VOCABULARIO

ADJETIVOS

abundante abundant
adecuado(a) adequate

NOMBRES

la **aparición** appearance
la **aspiración** goal
el **beneficio** profit
la **calidad** quality
el, la **comerciante** dealer, trader, merchant
el, la **consumidor(a)** consumer
la **demanda** demand
la **empresa** company, firm
la **escasez** scarcity, shortage
el **hombre (la mujer) de negocios**
  businessman (woman)
el **intercambio** exchange

el **intermediario** middleman
la **necesidad** need
el **negociante** businessman
la **oferta** supply
el **productor** manufacturer
los **recursos** resources
la **relación** interplay
el **trueque** exchange, barter
el **valor** value

OTRAS PALABRAS Y FRASES

el ahorro doméstico domestic savings
cambiar(se) to be exchanged for
en principio in principle
estar al alcance de la mano to be readily
  available

fundamentalmente basically
hacerlos llegar a to make them reach
la mayor parte most of
por el contrario on the contrary
el ser humano human being

VERBOS

aumentar to increase
crear to create, to originate

escasear to be scarce
intentar to attempt
intercambiar to exchange
llamar(se) to be called
obtener to obtain
ocupar(se) to concern oneself with
satisfacer(se) to satisfy
transformar(se) to transform, to process

PRIMER PASO: Comprensión

¿Verdadero o Falso?

Escriba una *V* o una *F*, según corresponda.

1. El precio aumenta con el grado de escasez. _____

2. Generalmente, los recursos materiales que satisfacen las necesidades del ser humano están al alcance de la mano. _____

3. Los recursos materiales muy abundantes tienen mayor valor económico. _____

4. Los hombres y mujeres de negocios tratan de servir a los consumidores sin obtener beneficios. _____

5. Los consumidores tratan de obtener la mejor calidad al precio más bajo. _____

6. La agricultura, la industria, y los servicios son sectores económicos. _____

7. Se llama trueque al cambio de mercancías por dinero. _____

8. La aparición de la moneda hizo más difícil el intercambio de productos y servicios. _____

9. Los hombres y mujeres de negocios se ocupan de encontrar y transformar los recursos económicos y de hacerlos llegar a los consumidores. _____

10. El precio es, generalmente, el resultado de la relación entre la oferta y la demanda. _____

11. Los comerciantes son intermediarios entre los productores y los consumidores. _____

12. Desde la aparición de los modernos sistemas de crédito la moneda no tiene valor económico. _____

La Tarjeta American Express.
No salga sin ella.

SEGUNDO PASO: Asimilación

Conteste las siguientes preguntas.

1. ¿Qué es la economía?

   ....

   ....

2. ¿Con qué satisface el ser humano la mayor parte de sus necesidades?

   ....

   ....

3. ¿Cuándo aumenta el precio de los recursos materiales?

   ....

   ....

4. ¿Qué es necesario hacer para poner los recursos materiales al alcance del consumidor?

   ....

   ....

5. ¿De qué se ocupan los hombres y mujeres de negocios?

   ....

   ....

6. ¿En qué sectores sirven los hombres y mujeres de negocios a los consumidores?

   ....

   ....

7. ¿Qué tratan de conseguir los consumidores?

   ....

   ....

8. ¿Qué es el trueque?

   ....

   ....

9. ¿Por qué actualmente es mucho más fácil el intercambio de productos y servicios?

   ....

   ....

10. ¿Qué son los comerciantes?

   ....

   ....

REPASO DE ALGUNAS ESTRUCTURAS GRAMATICALES

A. Verbos irregulares en la primera persona del presente de indicativo

Conteste las siguientes preguntas personales. Use en sus respuestas las formas correspondientes de los verbos en letra cursiva.

1. ¿*Es* usted un hombre o una mujer de negocios?

   ....

   ....

2. ¿*Hace* usted llegar algunos productos a los consumidores?

   ....

   ....

3. ¿*Está* usted matriculado en los cursos de economía?

   ....

   ....

4. ¿Qué recursos materiales *tiene* usted para satisfacer sus necesidades?

   ....

   ....

5. ¿Cómo *satisface* usted el hambre? ¿La sed?

   ....

   ....

6. ¿Dónde *obtiene* usted productos de la mejor calidad al precio más bajo?

   ....

   ....

7. ¿Qué *ofrece* usted a cambio de los productos y servicios que necesita?

   ....

   ....

8. ¿*Sabe* usted qué es el trueque?

   ....

   ....

B. Verbos de cambios radicales en el presente de indicativo

Conteste las siguientes preguntas referentes a otras personas. Use las formas correspondientes de los verbos en letra cursiva.

1. Los hombres y mujeres de negocios, ¿en qué sectores *servimos* a los consumidores?

   ....

   ....

2. Los profesores, ¿dónde *encontramos* los productos para satisfacer nuestras necesidades culturales?

   ....

   ....

3. Los hombres y mujeres de negocios, ¿en qué sector *conseguimos* mayores beneficios, en la agricultura o en la industria?

   ....

   ....

4. Yo soy un hombre (mujer) de negocios, ¿qué *tengo* que hacer para obtener el máximo beneficio?

   ....

   ....

2 La economía de España

Aunque Bilbao es un centro siderúrgico desde la Edad Media, y Játiva tiene fábricas de papel desde el tiempo de los moros, no es hasta los años 50 que España da pasos firmes hacia la industrialización del país.

Después de la Segunda Guerra Mundial, España sufre las consecuencias de su amistad con los facistas italianos y alemanes, y su aislamiento del resto del mundo la obliga a crear industrias para la producción de artículos de consumo. Así, el gobierno de Franco, a través del Instituto Nacional de Industria (INI), establece o controla la mayor parte de las industrias y de los servicios públicos del país, desde refinerías de petroleo, astilleros, plantas de ensamblaje de automóviles e industrias petroquímicas y de fertilizantes, hasta el ferrocarril, los teléfonos, la televisión y la cadena nacional de hostería.

Más tarde, a partir de 1959, el gobierno alienta las inversiones extranjeras, y el proceso de industrialización avanza rápidamente. Ya para 1970, España está entre los primeros países del mundo por su producción industrial y, especialmente, por la construcción de buques en sus astilleros. Además, tiene una flota pesquera equivalente al 50% de las de todos los demás países de Europa juntos, y es el segundo país del mundo por sus ingresos en divisas procedentes del turismo.

Sin embargo, casi toda su industria está subvencionada por el estado, su tecnología es obsoleta, y sólo subsiste gracias al financiamiento del estado y a los controles de importación. Por eso, en 1985, con vistas a la entrada país en el Mercado Común Europeo, el gobierno pone en práctica un plan de reconversión industrial que consiste en desmantelar cientos de empresas incapaces de competir en el mercado libre. En consecuencia, la producción baja notablemente pero, al mismo tiempo, muchas empresas extranjeras—principalmente americanas y japonesas—empiezan a hacer grandes inversiones en el país con vistas a penetrar en el Mercado Común Europeo. Además, para modernizar su industria, el país cuenta con un alto ahorro doméstico y con las enormes entradas en divisas provenientes del turismo.

UNIDADES MONETARIAS DE LOS PAÍSES DE HABLA ESPAÑOLA

País	Unidad monetaria
Argentina	austral
Bolivia	boliviano
Colombia	peso
Costa Rica	colón
Cuba	peso
Chile	peso
Ecuador	sucre
España	peseta
Guatemala	quetzal
Honduras	lempira
México	peso
Nicaragua	córdoba
Panamá	balboa
Paraguay	guaraní
Perú	inti
República Dominicana	peso
El Salvador	colón
Uruguay	peso
Venezuela	bolívar

EN CHILE...

EN ECUADOR...

EN MEXICO...

EN VENEZUELA...

EN ESPAÑA...

EN PANAMA...

VOCABULARIO

ADJETIVOS

equivalente equivalent
incapaz incapable
industrial industrial
obsoleto(a) obsolete
pesquero(a) fishing
petroquímico(a) petrochemical
público(a) public
subvencionado(a) subsidized

NOMBRES

el **aislamiento** isolation
la **amistad** friendship
el **astillero** shipyard
el **buque** ship
la **cadena** chain
la **consecuencia** consequence
la **construcción** construction
el **control** control
las **divisas** foreign exchange
el **estado** state
la **fábrica** factory
el **ferrocarril** railroad
el **fertilizante** fertilizer
el **financiamiento** financing
la **flota** fleet
el **gobierno** government
la **hostería** inn
la **importación** imports, importation
el **ingreso** income, revenue
la **inversión** investment
el **proceso** process
la **producción** production
la **reconversión** reconversion, refurbishment
la **refinería** refinery

la **tecnología** technology

OTRAS PALABRAS Y FRASES

a través de through
al mismo tiempo at the same time
los artículos de consumo consumer goods
centro siderúrgico iron and steel center
con vistas a with the possibility of, looking at
contar con to rely on
dar pasos firmes to take firm measures
desde el tiempo de los moros from time immemorial
la edad media middle ages
la segunda guerra mundial Second World War
Mercado Común Europeo European Common Market
notablemente notably
la planta de ensamblaje assembly plant
procedente coming from
proveniente coming from

VERBOS

alentar to encourage
avanzar to advance
competir to compete
desmantelar to dismantle
establecer to establish, to set up
modernizar to modernize
obligar to force
penetrar to penetrate, to infiltrate
subsistir to survive

PRIMER PASO: Comprensión

Identifique de qué hablamos en cada una de las siguientes oraciones.

1. Es un centro siderúrgico desde la Edad Media. _____

   a. el plan de reconversión industrial

2. Es el segundo país del mundo por sus ingresos en divisas provenientes del turismo. _____

   b. el Instituto Nacional de Industria

3. Consiste en desmantelar cientos de empresas incapaces de competir en el mercado libre. _____

   c. el aislamiento del resto del mundo

4. Empiezan a hacer grandes inversiones en España con vistas a penetrar en el Mercado Común Europeo. _____

   d. España

5. Establece o controla la mayor parte de las industrias y servicios públicos de España en tiempos de Franco. _____

   e. la flota pesquera española

6. Avanza rápidamente cuando el gobierno alienta las inversiones extranjeras. _____

   f. el proceso de industrialización

7. Equivale al 50% de las de todos los demás países de Europa juntos. _____

   g. Bilbao

8. Obliga a España a crear industrias para la producción de artículos de consumo. _____

   h. algunas empresas americanas y japonesas

SEGUNDO PASO: Asimilación

Conteste las siguientes preguntas.

1. ¿Cuándo empieza España a dar pasos firmes hacia la industrialización?

   ....

   ....

2. ¿Cuál es la causa del aislamiento de España del resto del mundo después de la Segunda Guerra Mundial?

   ....

   ....

3. ¿A qué obliga a España su aislamiento del resto del mundo?

   ....

   ....

4. ¿Cuáles son algunos de los servicios públicos que controla el INI durante el gobierno de Franco?

   ....

   ....

5. ¿Qué lugar ocupa España entre los países del mundo por sus ingresos procedentes del turismo?

   ....

   ....

6. ¿Por qué subsisten las industrias de tecnología obsoleta?

   ....

   ....

7. ¿Qué hace el gobierno español con vistas a la entrada del país en el Mercado Común Europeo?

....

....

8. ¿Con qué cuenta España para modernizar su industria?

....

....

TERCER PASO: Aplicación

Usted trabaja para la empresa CITRUS HILL.

1. Traduzca al inglés la siguiente carta recibida en la empresa.

14 de septiembre de 1986

Citrus Hill Co.
Maple Plain, MN

Estimados señores:

Estamos interesados en la producción de zumos concentrados de frutas cítricas para el consumo nacional y para la exportación a otros países del Mercado Común Europeo. Con ese objeto deseamos obtener la franquicia de una empresa americana con experiencia en el giro. Nuestra empresa, con más de veinte años de establecida, está dedicada a la exportación de frutas cítricas al resto de Europa, pero ahora, con la entrada del país en el Mercado Común, creemos contar con un amplio mercado para los zumos concentrados.

Si ustedes están interesados en discutir las posibilidades de alguna relación de negocios con nuestra empresa, por favor, sírvanse indicarnos en qué fecha puede visitarlos uno de nuestros gerentes.

Atentamente,

Cítricos Valencia

Pedro M. Carreras
Presidente

....

....

....

....

....

....

....

....

....

....

....

....

....

....

....

....

....

....

....

....

2. Traduzca al español la respuesta a la carta del Sr. Carreras.

September 20, 1986

Mr. Pedro M. Carreras, President
Cítricos Valencia
Valencia, España

Dear Sir:

Your proposal of September 14 interests us, but before we can do business with your company we need to have more information on it. To fulfill this objective we would like to send a representative of our company to visit you in order to evaluate your business volume, the characteristics of your company, your administrative efficiency and your credit worthiness. Please inform us when it might be convenient for our representative to arrange such a visit.

Cordially yours,

Citrus Hill Co.

John M. Larkin
Manager

....

....

....

....

....
....
....
....
....
....
....
....
....
....
....
....
....
....
....

3 *América Latina: Economía y finanzas*

Según las estadísticas, la tasa de crecimiento de América Latina, en los últimos treinta años, supera las predicciones más optimistas. En ese período la región cuadruplica el producto doméstico bruto y aumenta la exportación de productos industriales hasta llegar al 20% de la exportación total.

Sin embargo, las cifras pueden ser engañosas, pues el ritmo de crecimiento se detiene bruscamente en los años 80 y no es igual en todos los países de la región. De 1968 a 1981, México, Venezuela y Ecuador, países exportadores de petróleo, cuentan con grandes ingresos gracias al alza del precio del oro negro, y a los amplios préstamos de los bancos internacionales. Mientras tanto, los países que no producen petróleo, o que lo producen en cantidades insuficientes para el consumo, tienen que pagar los altos precios fijados por la Organización de Países Exportadores de Petróleo (OPEP), al tiempo que ven disminuir sus ingresos por exportación. Estos países dependen para sus ingresos de uno o de unos pocos productos agrícolas o minerales cuyos precios en el mercado internacional bajan continuamente en relación con los de productos industriales.

Al bajar el precio del petróleo en 1982, la crisis económica golpea a todos los países de la región. En ese año, México se salva de la quiebra gracias al pago adelantado de $2.000 millones[1] que obtiene del gobierno americano a cuenta de futuras entregas de petróleo para las reservas estratégicas. Los bancos privados, alarmados, cierran los créditos, y surge el fantasma de la gran deuda que pone en peligro la estabilidad de la banca mundial.

Como resultado de todo lo anterior, la inflación aumenta rápidamente. En Argentina, aun cuando el país se autobastece de petróleo, la inflación pasa del 1.100% en 1984, y en Bolivia, al año siguiente, del 10.000%[2]. Con la inflación viene la devaluación de las monedas. El bolívar venezolano, generalmente estable, pierde dos tercios de su valor de cambio entre 1982 y 1985; el peso mexicano pasa de 26 por un dólar en el 82, a más de 600 por un dólar en el 86. En algunos casos las monedas llegan a tener valores tan escasos que los gobiernos deciden sustituirlas por otras. Argentina emite el *austral* en lugar del peso, y Perú el *inti* en lugar del sol.

Para tratar de superar la crisis, los gobiernos reducen las importaciones, disminuyen las inversiones y los gastos y, casi todos, alientan las inversiones extranjeras. No obstante, el futuro es todavía incierto y las medidas de austeridad aumentan la inestabilidad política de la región.

NOTA CULTURAL

El producto doméstico bruto (PDB) es el valor de todos los productos y servicios producidos en el país. El valor de los servicios se calcula teniendo en cuenta los sueldos y honorarios de quienes los prestan.

VOCABULARIO

ADJETIVOS

amplio(a) ample, extensive, wide
anterior former, previous, aforementioned
engañoso(a) misleading
escaso(a) scarce
estable stable
fijado(a) fixed
futuro(a) future
igual the same, similar, equal
incierto(a) uncertain
mundial world, world-wide
optimista optimistic
político(a) political

NOMBRES

el **alza** rise
la **austeridad** austerity
la **banca** banking
la **cifra** quantity, amount
el **consumo** consumption
el **crecimiento** growth
el **crédito** credit
la **devaluación** devaluation
la **entrega** delivery
la **estabilidad** stability
la **estadística** statistics
el **fantasma** ghost, phantom
las **finanzas** finances

---

[1] 2 000 000 000 Español: dos mil millones; inglés; *two billion*
2 000 000 000 000 Español: dos billones; inglés: *two trillion*
Billón y *billion* son falsos cognados.
[2] En España y en Latinoamérica usan un punto para separar los miles y una coma para los decimales.

el **futuro**   future
el **gasto**   expenses, cost
la **inestabilidad**   instability
la **medida**   measure
la **predicción**   forecast, prediction
la **quiebra**   bankruptcy
el **ritmo**   rate, rhythm
la **tasa**   rate
el **tercio**   third

OTRAS PALABRAS Y FRASES

a cuenta   on account
al tiempo que   while, at the time that
aun cuando   even when
bruscamente   suddenly
continuamente   continuously
la crisis económica   economic crisis
en relación con   in relationship to
no obstante   nevertheless, however
el oro negro   oil, petroleum

los países exportadores de petróleo   oil exporting countries
poner en peligro   endanger
el producto doméstico bruto   gross national product, GNP
las reservas estratégicas   strategic reserves

VERBOS

alarmar   to alarm
autoabastecerse   to supply itself with
cuadruplicar   to quadruple
detener(se)   to hold up, to stop
disminuir   to decrease, to lessen, to diminish
emitir   to issue
golpear   to strike, to hit
reducir   to reduce, to cut
superar   to surpass, to overcome
surgir   to emerge, to arise
sustituir   to substitute

PRIMER PASO: Comprensión

¿Verdadero o Falso?

Escriba una *V* o una *F*, según corresponda.

1. La tasa de crecimiento de América Latina no aumenta en los últimos treinta años.   _____

2. La exportación de productos industriales de la región llega al 20% de la exportación total.   _____

3. El ritmo de crecimiento es igual en todos los países.   _____

4. El ritmo de crecimiento se detiene bruscamente en los años 80.   _____

5. Los precios de los productos agrícolas y minerales bajan continuamente en relación con los precios de los productos industriales.   _____

6. La gran deuda de la América Latina pone en peligro la estabilidad de la banca mundial.   _____

7. El bolívar venezolano es una moneda estable a pesar de la crisis del petróleo.   _____

8. El *austral* es una moneda chilena.   _____

SEGUNDO PASO: Asimilación

Conteste las siguientes preguntas.

1. ¿Por qué la tasa de crecimiento de América Latina en los últimos treinta años supera las predicciones más optimistas?

....

....

2. ¿Por qué las cifras estadísticas sobre el crecimiento de América Latina pueden ser engañosas?

....

....

14

3. ¿Cuáles son los países exportadores de petróleo de América Latina?

    ....

    ....

4. ¿De quién reciben préstamos los países exportadores de petróleo?

    ....

    ....

5. ¿Qué es la O.P.E.P.?

    ....

    ....

6. ¿De qué dependen para sus ingresos los países de América Latina?

    ....

    ....

7. ¿Cuándo la crisis económica golpea a todos los países?

    ....

    ....

8. ¿Gracias a qué se salva México de la quiebra en 1982?

    ....

    ....

9. ¿A cuánto llega la inflación en Argentina en 1984?

    ....

    ....

10. ¿Cómo se llama ahora la moneda de Perú?

    ....

    ....

TERCER PASO: Aplicación

Prepare un informe sobre uno de los siguientes tópicos.

1. La agricultura en España
2. Las principales industrias españolas
3. El turismo en España
4. La inflación en América Latina

5. Los países exportadores de petróleo de América Latina

6. Las monedas de América Latina

Fuentes: *Enciclopedias Americana y Británica*
World Almanac
Revistas Españolas y Latinoamericanas (*Cambio 16, Visión,* etc.)
Revistas americanas (*Time, U.S. News and World Report,* etc.)
Periódicos españoles (*ABC, EL País,* etc.)
Periódicos Latinoamericanos (*La Prensa, El Mercurio, El Universal, Novedades,* etc.)

La agricultura: productos básicos

Lección **2**

1. El café
2. El azúcar
3. Las bananas

España y los países de América Latina dependen en gran medida de la agricultura. España, miembro del Mercado Común Europeo, vende la mayor parte de sus productos agrícolas de exportación en aquel mercado. Por el contrario, para la América Latina su mercado natural es el nuestro. Nuestras importaciones de productos agrícolas españoles se reducen a algunos vinos, aceite de oliva, aceitunas y cítricos, pero de América Latina recibimos frutas, vegetales, viandas, tabaco, cacao, vinos y, sobre todo, café, azúcar y bananas.

Cambios de Monedas Centroamericanas

PANAMA, diciembre 20 (Redacción Central de ACAN-EFE).— El dólar norteamericano tiene hoy las siguientes cotizaciones en el mercado centroamericano:

País	Moneda	Oficial Compra/Vta	Paralelo C/V	Negro C/V
Nicaragua	(Córdoba)	28.00/–	700/720	1200/–
El Salvador	(Colón)	2.50/–	4.85/4.90	6.05/6.15
Honduras	(Lempira)	2.00/–	–/–	2.65/2.70
Costa Rica	(Colón)	53.15/53.65	–/–	57.00/58.00
Guatemala	(Quetzal)	1.00/1.00	2.60/2.65	2.65/2.70
Panamá	(Balboa)	1	1	1

1 El café

Los Estados Unidos son un país consumidor de café desde el "Boston Tea Party," pero sólo a partir de la Segunda Guerra Mundial el consumo alcanza un alto nivel. Para 1962, el café es la bebida favorita de los americanos, y su consumo *per cápita* pasa de las tres tazas por día. Para 1984, sin embargo, el consumo baja a menos de dos tazas diarias por persona.

Los expertos estiman que la baja en el consumo se debe, principalmente, al alto precio del grano, debido a la pérdida de varias cosechas en el Brasil, y a la baja calidad del café que empieza a llegarnos de África. Para tratar de recuperar el terreno perdido, la Organización Internacional del Café está subvencionando una campaña de promoción del consumo del café, especialmente entre los jóvenes. A esa campaña se debe, por ejemplo, la apertura de "casas de café" en muchas universidades y colegios, equipadas con cafeteras para hacer café expreso, capuchino, etc.

El café es el mayor producto de exportación mundial después del petróleo. Estados Unidos consume el 30% de todo el café exportado, y dos terceras partes de sus importaciones provienen de América Latina. Aunque el café es originario de Etiopía, hoy los cafés de Colombia, Guatemala, Costa Rica y Puerto Rico están entre los más famosos del mundo. Brasil es el mayor exportador mundial del producto, pero ya la economía brasileña no depende del café. Actualmente, el café sólo representa el 10% de sus exportaciones. Sin embargo, en Costa Rica, Guatemala, El Salvador y Colombia, el café alcanza del 25 al 50% de sus exportaciones.

El cultivo del café necesita mucha mano de obra, por eso da trabajo a millones de campesinos en América Latina. Sin embargo, el café genera más empleos y riqueza en los países consumidores que en los productores. La industria emplea a más de veinte millones de personas. Basta observar la gran variedad de marcas y tipos de café, cafeteras y accesorios que se están vendiendo actualmente en este país, para darnos cuenta de la importancia que tiene la industria cafetera en nuestra economía.

EL TANTO POR CIENTO

Se sabe que el tanto por ciento aparece en las primeras obras de Aritmética de los escritores italianos del siglo XV. El signo de tanto por ciento parece haberse formado[1] a partir de la abreviatura de la palabra ciento (cto.). El primero que usó el signo tal como lo usamos hoy fue Delaporte, que en 1685 lo expuso[2] en su libro *Guía de Comerciantes*.

VOCABULARIO

NOMBRES

el **accesorio** accessory
la **aceituna** olive
la **apertura** opening
la **baja** drop, fall
la **bebida** drink
la **cafetera** coffee pot, coffee machine
la **campaña** campaign
el **cítrico** citrus fruit
la **cosecha** crop, harvest
el **cultivo** cultivation, planting
el **experto** expert
el **grano** bean, grain
el **miembro** member
la **pérdida** loss
la **promoción** promotion
la **remolacha** beet
el **tabaco** tobacco
el **terreno** ground

la **variedad** variety
el **vegetal** vegetable
la **vianda** foodstuffs

OTRAS PALABRAS Y FRASES

en gran medida to a great extent
es originario de to come from
la mano de obra labor

VERBOS

alcanzar to reach, to amount to
equipar to equip
estimar to estimate, to believe
generar to generate
observar to observe
provenir to come from
recuperar to recover
representar to represent

PRIMER PASO: Comprensión

Seleccione la palabra o frase que mejor complete cada una de las oraciones siguientes.

1. Los Estados Unidos son un país (productor, exportador, consumidor) de café desde el «Boston Tea Party».

2. El café es originario de (Etiopía, Colombia, Brasil).

---

[1] parece haberse formado *seems to have developed*
[2] expuso *presented*

3. La Organización Internacional del Café está (vendiendo, consumiendo, subvencionando) una campaña de promoción del consumo del café.

4. El café genera más empleos en los países (productores, consumidores, más pobres del mundo).

5. Para 1984 el consumo diario de café por persona baja a menos de (tres tazas, dos tazas, cinco tazas).

6. Las dos terceras partes de las importaciones de café en los Estados Unidos provienen de (América Latina, Etiopía, Colombia).

7. El cultivo del café necesita (buen transporte, mucha mano de obra, campañas de promoción).

8. El mayor exportador mundial de café es (Colombia, Etiopía, Brasil).

SEGUNDO PASO: Asimilación

Conteste las siguientes preguntas.

1. ¿En qué mercado vende España la mayor parte de sus productos agrícolas?

   ....

   ....

2. ¿Cuándo alcanza un alto nivel el consumo de café en los Estados Unidos?

   ....

   ....

3. Según los expertos, ¿a qué se debe la baja en el consumo del café en este país?

   ....

   ....

4. ¿Qué está haciendo la Organización Internacional del Café para tratar de recuperar el terreno perdido?

   ....

   ....

5. ¿Con qué están equipadas las «casas de café» de muchos colegios y universidades?

   ....

   ....

6. ¿Cuál es el único producto que se exporta más que el café?

   ....

   ....

7. ¿Qué parte del café exportado consumen los Estados Unidos?

   ....

   ....

8. ¿Que países de América Latina dependen principalmente del café?

....

....

REPASO DE ALGUNAS ESTRUCTURAS GRAMATICALES

A. Formas pronominales en función de complemento directo.

Complete las siguientes oraciones usando un pronombre para sustituir al complemento directo (*direct object*) subrayado.

1. -¿El cultivo del café necesita <u>mucha mano de obra</u>?

   -Sí, el café .... necesita.

2. -¿Ellos consumen <u>sus bebidas favoritas</u>?

   -Sí, ellos .... consumen.

3. -¿España exporta <u>vegetales</u>?

   -Sí, España .... exporta.

4. -¿Ellos recuperan <u>el terreno perdido</u>?

   -No, no .... recuperan.

5. -¿Los productores necesitan a <u>los consumidores</u>?

   -¿A nosotros los consumidores? Sí, los productores .... necesitan.

6. -¿Me necesitan a <u>mí</u>?

   -Sí, ... necesitan. (*Informal*)

B. Cambie a la forma progresiva.

1. La Organización Internacional del Café subvenciona la campaña de promoción.

   ....

   ....

2. Estados Unidos importa café de Colombia.

   ....

3. Trato de recuperar el tiempo perdido.

   ....

4. El cultivo del café da trabajo a millones de campesinos de América Latina.

   ....

   ....

5. Nosotros vendemos una gran variedad de cafeteras y accesorios.

....

....

6. América Latina depende en gran medida de sus exportaciones a los Estados Unidos.

....

....

2 El azúcar

El azúcar se obtiene en cantidades industriales a partir de la caña de azúcar y de la remolacha azucarera. El azúcar es uno de los productos más ampliamente comercializados, pero aunque se producen unos 100 millones de toneladas al año, sólo se exportan unos 30 millones, y de ellos solamente 20 llegan al mercado libre. El resto se consume por los países productores.

Actualmente, Estados Unidos está importando unos dos millones y medio de toneladas de azúcar anualmente, y casi todas sus importaciones provienen de América Latina. La mayor parte del azúcar importada llega sin refinar; a esto se llama azúcar cruda[1] o crudos. Los mayores productores de azúcar de América Latina son Cuba, Brasil, México, Argentina, la República Dominicana y Perú, pero no importamos azúcar de Cuba ni de Argentina.

Actualmente la industria azucarera está atravesando una grave crisis, y sólo pervive gracias a los precios especiales que pagan a sus proveedores los Estados Unidos, el Mercado Común Europeo y la Unión Soviética. Estados Unidos, por ejemplo, está pagando actualmente a sus proveedores de América Latina y las Filipinas, un precio de tres a cuatro veces mayor del que tiene el azúcar en el mercado libre. El azúcar no incluida en estos tratados preferenciales se está vendiendo ahora muy por debajo del costo de producción, con lo que se benefician algunos grandes importadores como Japón.

Debido a los bajos precios del azúcar, los países productores están prestando cada día más atención a sus subproductos, principalmente al bagazo y a las mieles. El bagazo lo usan como materia prima en la industria del papel y del cartón madera, y las mieles son la base de la industria alcoholera en los países azucareros. Además, las utilizan para la producción de piensos para animales.

Desde hace mucho tiempo, algunos países de América Latina usan alcohol, en lugar de plomo, para aumentar el octanaje de la gasolina. Al producto lo llaman gasohol o carburante nacional. La combustión de la mezcla es más limpia que la de la gasolina con plomo y, por eso, algunas grandes empresas petroleras están experimentando con la mezcla, ante la necesidad de reducir el contenido de plomo de la gasolina que venden en los Estados Unidos.

---

[1]Cuando se emplea sin calificativos, la palabra azúcar siempre es masculina; en cambio, cuando se le agrega un calificativo, puede ser femenina: el azúcar crudo, la azúcar cruda.

VOCABULARIO

ADJETIVOS

alcoholero(a)   spirits (*industry*)
azucarero(a)   sugar
comercializado(a)   marketed
preferencial   preferential

NOMBRES

el **bagazo**   husk of sugar cane
la **base**   basis
la **caña de azúcar**   sugarcane
el **carburante**   fuel
el **cartón**   cardboard
la **combustión**   combustion
el **contenido**   content
el **importador**   importer
la **materia prima**   raw material
la **miel**   molasses
el **octanaje**   octane rating
el **pienso**   feed

el **proveedor**   supplier
el **subproducto**   byproduct
la **tonelada**   ton
el **tratado**   agreement, treaty

OTRAS PALABRAS Y FRASES

ampliamente   extensively
anualmente   annually
azúcar cruda   brown sugar

VERBOS

atravesar   to pass through, to go through
beneficiar   to benefit, to profit
experimentar   to experiment
pervivir   to survive
prestar atención   to pay attention to
refinar   to refine
utilizar   to use, to utilize

PRIMER PASO: Comprensión

Combine los elementos de la primera columna con los de la segunda.

1. Se llama azúcar cruda o crudos al _____

2. Son grandes importadores de azúcar _____

3. El bagazo y las mieles son _____

4. Las mieles son la base de _____

5. Del bagazo de la caña se produce _____

6. Dos subproductos de la industria azucarera son _____

7. Los mayores productores de azúcar de América Latina son _____

8. Solamente veinte millones de toneladas de azúcar llegan _____

a. subproductos de la industria azucarera

b. papel para periódicos

c. la industria alcoholera

d. azúcar sin refinar

e. al mercado mundial

f. Cuba, Brasil, México, Argentina, la Republica Dominicana y Peru.

g. Estados Unidos, la Unión Soviética y Japón

h. el bagazo y las mieles

SEGUNDO PASO: Asimilación

Conteste las siguientes preguntas.

1. ¿De dónde se obtiene el azúcar en cantidades industriales?

....

2. ¿Qué cantidad de azúcar se produce anualmente?

....

3. ¿Por qué se exportan solamente 30 millones de toneladas de azúcar anualmente?

....

....

4. ¿De donde proviene la mayor parte del azúcar que importan los Estados Unidos?

....

5. ¿Cómo llega el azúcar importado?

....

6. ¿Cómo se llama el azúcar sin refinar?

....

7. ¿Gracias a qué sobrevive actualmente la industria azucarera?

....

8. ¿Qué precio paga actualmente Estados Unidos a sus proveedores de América Latina y de las Filipinas?

....

9. ¿Por qué los países productores de azúcar están prestando mayor atención a los subproductos?

....

....

10. ¿Qué es el gasohol o carburante nacional?

....

TERCER PASO: Aplicación

Usted trabaja para la firma Robertson and Co.

1. **Traduzca al inglés la siguiente carta.**

23 de noviembre de 1988

Robertson and Co.
New York, N.Y.
U.S.A.

Estimados señores,

Después de satisfacer las necesidades del consumo local, tenemos en almacén 240.000 toneladas de azúcar de caña disponibles para la exportación. Puesto que proximamente comienza a llegarnos el azúcar de la próxima zafra necesitamos vaciar los almacenes, por lo que estamos ofreciendo todas nuestras existencias 10 puntos por debajo del precio del mercado. Esperamos que esta rebaja pueda interesar a algunos de sus clientes.

Atentamente,

Azucarera San Ramón

Manuel Rodríguez Sánchez
Gerente

....

....

....

....

....

....

....

....

....

....

....

....

....

....

2. Traduzca al español la siguiente carta, para contestar a la oferta recibida.

December 6, 1988

Mr. Manuel Rodríguez Sánchez, Gerente
Azucarera San Ramón
Santo Domingo, Dominican Republic

Dear Sir:

It is our pleasure to inform you that SARA LEE INC. is interested in purchasing 100,000 tons of sugar from your company for immediate delivery. They will contact you directly in order to agree upon date and form of shipment. We hope to be able to place more orders for you with our other clients very soon.

Sincerely,

Louis T. Robertson
Manager

Robertson and Co.
Brokers

....

....

....

....

....

....

....

....

....

....

....

....

3 *Las bananas*

El banano es originario del archipiélago de las Malayas. De allí pasa a África y, poco
después del descubrimiento, los colonizadores lo traen[1] a la Española, hoy Santo
Domingo, posiblemente de las Islas Canarias.

La cosecha mundial de bananas no se conoce con exactitud, pues gran parte de la
producción se consume por los mismos productores o localmente, y las estadísticas
de los países productores no son muy confiables. Los estimados fluctúan de 20 a 50
millones de toneladas métricas de bananas al año. Cerca de la mitad de la cosecha se
produce en África, pero la mayor parte de las bananas que se exportan proceden de
la América Latina. La América Central, Panamá, el norte de Sudamérica, las
Antillas y Brasil son los mayores exportadores del producto. Los Estados Unidos y
Europa occidental son los mayores importadores. Estados Unidos importa unos
$400 millones en bananas anualmente.

------

[1]presente histórico

Aunque la exportación de bananas comienza a principios del siglo pasado, no es hasta este siglo que la comercialización del producto empieza a tener gran importancia. Al auge contribuyen, entre otros factores, la fabricación de barcos frigoríficos, la construcción de ferrocarriles en los países productores y la integración vertical del negocio desde las plantaciones hasta la distribución del producto. En esto juega un papel muy importante, la United Fruit, fundada en 1899 y desaparecida en 1970 al fundirse con la United Brands.

En 1923 surge la Standard Fruit and Steamship Company para competir con la United Fruit y, en 1968, Del Monte Corporation entra en el mercado de las bananas. Actualmente también intervienen en el negocio la Dole y algunas compañías menores.

Las bananas se transportan en contenedores refrigerados y llegan a los centros de consumo dentro de los veinte días siguientes a su cosecha. Sin embargo, las bananas se cortan y transportan verdes y se maduran con gas etileno en cámaras especiales antes de distribuirlas entre los detallistas. En este proceso la fruta pierde parte de su delicioso sabor natural.

Últimamente, se está importando en cantidades crecientes una variedad de bananas llamadas «plátanos machos» o simplemente «machos» que consumen principalmente los hispánicos. Estas bananas no se consumen como frutas, sino cocidas, generalmente hervidas o fritas.

VOCABULARIO

ADJETIVOS

cocido(a) cooked
confiable reliable
creciente growing, increasing
delicioso(a) delicious
frigorífico(a) frigorific, refrigerated
hispánico(a) Hispanic
pasado(a) last
vertical vertical

NOMBRES

el **archipiélago** archipelago
el **banano** banana
la **cámara** chamber
el **colonizador** colonist
el **contenedor** container
el **descubrimiento** discovery
el **detallista** retailer
la **distribución** distribution
el **estimado** estimate

el **etileno** ethylene
la **exactitud** exactness, accuracy
la **integración** integration
la **plantación** plantation
el **siglo** century

OTRAS PALABRAS Y FRASES

a principios at the beginning of
localmente locally
posiblemente possibly

VERBOS

desaparecer to drop out of sight, to disappear
distribuir to distribute, to assign
fluctuar to fluctuate
fundir to merge
intervenir to intervene, to take part
madurar to ripen
transportar to transport

PRIMER PASO: Comprensión

¿Verdadero o Falso?

Escriba una *V* o una *F*, según corresponda.

1. El banano es originario de América Latina. _____
2. La mayor parte de las bananas que se exportan proceden de África. _____
3. Gran parte de las cosechas de bananas se consumen en los países productores. _____
4. La exportación de bananas en cantidades comerciales comienza a principios del siglo. _____
5. La United Brands, la Standard Fruit y Del Monte controlan la comercialización de las bananas. _____
6. Las bananas llegan a los mercados de consumo dentro de la semana siguiente a su cosecha. _____
7. Las bananas se cortan y transportan verdes. _____
8. Los plátanos machos se consumen como frutas. _____
9. Las bananas se maduran en cámaras especiales. _____
10. Cuando las frutas se maduran con gas etileno no pierden nada de su sabor natural. _____

SEGUNDO PASO: Asimilación

Conteste las siguientes preguntas.

1. ¿De dónde es originario el banano?

   ....

   ....

2. ¿Quiénes lo traen a América?

   ....

   ....

3. ¿Qué cantidad de bananas se produce anualmente?

   ....

   ....

4. ¿Qué parte de su cosecha se produce en África?

   ....

   ....

5. ¿Cuáles son las regiones exportadoras de bananas de América Latina?

   ....

   ....

6. ¿Qué países son los mayores exportadores?

   ....

   ....

7. ¿Cuánto dinero importan las bananas que importan los Estados Unidos anualmente?

   ....

   ....

8. ¿Cuándo empieza a tener importancia la comercialización de las bananas?

   ....

   ....

9. ¿Qué hechos contribuyen al auge de la comercialización de las bananas?

   ....

   ....

10. ¿Cómo se transportan las bananas?

   ....

   ....

11. ¿Quiénes son los principales consumidores de plátanos machos?

   ....

   ....

12. ¿Cómo se consumen los plátanos machos?

   ....

   ....

TERCER PASO: Aplicación

Prepare un informe sobre uno de estos temas

1. La producción de café en Colombia.
2. La producción de azúcar de caña en Perú.
3. La producción de bananas en El Ecuador.

Fuentes: *Enciclopedias Americana y Británica*
Revistas *Fortune, Time, U.S. News and World Report, Newsweek,* etc.
Periódicos *Wall Street Journal, New York Times, Los Angeles Times, Washington Post,* etc.

Petróleo, minería e industria

Lección **3**

1 *El petróleo*

El petróleo es la mayor fuente de ingresos de México, Venezuela y Ecuador, y el mayor renglón de egresos de casi todos los demás países de América Latina. Además, directa o indirectamente, es la causa principal de las grandes deudas de los países de la región.

A partir del súbito aumento de los precios en la década de los 70, los países con petróleo se embarcaron en enormes proyectos de desarrollo, y gastaron lo suyo y lo ajeno pensando que la danza de los millones no se les iba a terminar nunca. Mientras tanto, los países sin petróleo tuvieron que pedir prestado para poder pagar sus importaciones. Al cabo, todos se endeudaron y, para 1982, estaban al borde de la quiebra.

Sin embargo, no es negativo todo lo que podemos decir de este período. Tradicionalmente, la industria petrolera de los países en desarrollo, fue más una actividad de extracción que de procesamiento y comercialización pero, a partir del alza de los precios, los países productores contaron con capital abundante, y algunos decidieron establecer sus propias refinerías, industrias petroquímicas y hasta empresas multinacionales encargadas de la comercialización. La creación de multinacionales respondió a la necesidad de buscar nuevos mercados y nueva tecnología. Hoy, las empresas petroleras de México, Brasil y Venezuela se encuentran entre las once compañías industriales no americanas más grandes del mundo.

Aunque las multinacionales del Tercer Mundo compiten con las multinacionales de los países industrializados, no las pueden igualar en cuanto al empleo y desarrollo de la moderna tecnología y de los nuevos métodos de administración. Por tanto, en lugar del enfrentamiento, buscan la colaboración. También las multinacionales de los países industrializados están interesadas en colaborar, pues esos países en vías de desarrollo son grandes consumidores de tecnologías y servicios que ellas pueden suministrarles.

México, Venezuela y Ecuador son los grandes exportadores de petróleo de América Latina, pero también producen petróleo en cantidades apreciables Argentina, Brasil, Perú y Colombia. Colombia está a punto de convertirse en un gran exportador. En 1985, producía unos 170.000 barriles diarios, pero con la explotación de los grandes yacimientos descubiertos en la región oriental del país, la producción para el año 88 puede llegar a 400.000 barriles diarios. Casi todo el petróleo de esos yacimientos va a ser transportado, desde los pozos hasta un puerto del Caribe, a través de un oleoducto de 800 kilómetros (500 millas) de largo que está construyendo la Occidental Petroleum, una de las 50 multinacionales extranjeras que operan en Colombia.

NOTA CULTURAL

¿Por qué Tercer Mundo?

Los países más ricos y desarrollados, con un consumo masivo, como los Estados Unidos, Francia, Ingleterra, Japón y Australia forman el «Primer Mundo». Los países comunistas, industrializados, pero con un nivel de consumo limitado, forman el «Segundo Mundo». Los países pobres, subdesarrollados y con un nivel de consumo mínimo, forman el «Tercer Mundo». Como casi nadie se refiere a los dos primeros grupos de países como «Primer Mundo» y «Segundo Mundo» son muchos los que se hacen la pregunta que encabeza esta nota.

VOCABULARIO

ADJETIVOS

apreciable appreciable
interesado(a) interested
negativo(a) negative

NOMBRES

la **administración** administration, management
el **barril** barrel
el **capital** funds
la **colaboración** collaboration, cooperation
la **comercialización** marketing
la **compañía** company
la **creación** creation
la **danza** dance
el **desarrollo** development
el **egreso** outlay
el **enfrentamiento** confrontation
la **explotación** operation, running
el **exportador** exporter
la **extracción** extraction
el **método** method
la **multinacional** multinational corporation
el **oleoducto** pipeline
el **procesamiento** processing

el **proyecto** project
el **puerto** port
el **renglón** item, line
el **yacimiento** oilfield, mineral deposit

OTRAS PALABRAS Y FRASES

al cabo finally
en cuanto a with regard to
en vías de in the process of
endeudarse to get into debt
estar a punto de to be about to
indirectamente indirectly
lo ajeno somebody else's
por tanto therefore
tradicionalmente traditionally

VERBOS

colaborar to collaborate, to cooperate, to assist
embarcar to embark
encargar(se) de to be in charge of
igualar to compare
responder to respond, to result from
suministrar to supply

PRIMER PASO: Comprensión

Seleccione la frase que mejor completa cada una de las oraciones siguientes.

1. El petróleo es el mayor producto de ....
   a. exportación de Argentina.
   b. importación de México.
   c. exportación de Venezuela.

2. Los países sin petróleo tuvieron que pedir prestado para ....
   a. pagar sus importaciones.
   b. pagar sus exportaciones.
   c. aumentar sus deudas.

3. Tradicionalmente, la industria petrolera de los países en desarrollo fue una actividad ....
   a. de procesamiento.
   b. de extracción.
   c. de comercialización.

4. Estos países pertenecen al Tercer Mundo: ....
   .a. Estados Unidos y Japón.
   b. Panamá y Colombia.
   c. La Unión Soviética y Polonia.

5. Éstos son grandes exportadores de petróleo: ....
   a. México, Venezuela y Ecuador.
   b. Honduras, Nicaragua y El Salvador.
   c. Cuba y Santo Domingo.

6. Este país está a punto de convertirse en un gran exportador de petróleo: ....
   a. la Argentina
   b. México
   c. Colombia

7. El petróleo colombiano va a ser transportado desde los pozos hasta un puerto en ....
   a. el Caribe.
   b. el Atlántico.
   c. el Pacífico.

8. Las multinacionales de los países industrializados están interesadas en ....
   a. competir con las transnacionales del Tercer Mundo.
   b. colaborar con las transnacionales del Tercer Mundo.
   c. enfrentarse con las transnacionales del Tercer Mundo.

SEGUNDO PASO: Asimilación

Conteste las siguientes preguntas.

1. ¿El petróleo es un renglón de ingresos o un renglón de egresos de Estados Unidos?

   ....

   ....

2. ¿Qué hicieron los países con petróleo a partir del súbito aumento de los precios en la década de los setenta?

   ....

   ....

3. ¿Qué decidieron algunos países petroleros a partir del alza de los precios?

   ....

   ....

4. ¿A qué se debió la creación de multinacionales del Tercer Mundo?

....

....

5. ¿Qué importancia tienen hoy las empresas petroleras de México, Brasil y Venezuela?

....

....

6. ¿Por qué las multinacionales del Tercer Mundo buscan la colaboración y no el enfrentamiento con las de los países industrializados?

....

....

7. ¿Por qué también las multinacionales de los países desarrollados están interesadas en colaborar?

....

....

8. ¿Qué está construyendo la Occidental Petroleum en Colombia?

....

....

RESPASO DE ALGUNAS ESTRUCTURAS GRAMATICALES

A. Usos de *ser* y *estar*

Complete las siguientes oraciones usando la forma del verbo *ser* o *estar.* que convenga.

1. ¿Cuál .... la mayor fuente de ingresos de Venezuela?

2. Los países industrializados .... interesados en cooperar.

3. Colombia .... un país del Tercer Mundo.

4. Los países en vías de desarrollo .... grandes consumidores de tecnologías y servicios.

5. Ecuador .... en la América del Sur.

6. La Occidental Petroleum .... construyendo un oleoducto en Colombia.

B. Verbos irregulares en el pretérito.

Escriba de nuevo las siguientes oraciones comenzándolas en la forma indicada. Omita las palabras en letra cursiva y haga los otros cambios necesarios.

1. *Algunos países* gastaron lo suyo y lo ajeno.

Yo ....

2. *Los países sin petróleo* tuvieron que pedir dinero prestado.

   Tú ....

3. *La crisis del petróleo* fue la causa de las grandes deudas.

   Los préstamos ....

4. *Las multinacionales* quisieron conseguir nuevas tecnologías.

   Yo ....

5. *México y Brasil* estuvieron al borde de la quiebra.

   Venezuela ....

6. *La Occidental Petroleum* pudo construir el oleoducto.

   Ellos ....

2 La minería

En la América Latina hay gran variedad y abundancia de recursos minerales, pero es notable la escasez de carbón, recurso crítico para el desarrollo de la industria pesada. Por esta razón, hasta hace pocos años, los países del área no beneficiaban los minerales que extraían de sus minas. La necesidad de industrializarse, sin embargo, los llevó a buscar distintas soluciones. La mayoría importó carbón, pero México, con abundantes petróleo y gas natural, fue el primer país del mundo en producir acero utilizando el gas natural como fuente de energía.

Se calcula que los grandes depósitos de Venezuela y Brasil representan el 50% de todas las reservas mundiales de mineral de hierro. Desde 1970, Venezuela se encuentra entre los diez mayores productores mundiales de mineral de hierro. La mayor parte de su producción la exporta a los Estados Unidos en forma de mineral de hierro, pero ya en 1984 exportó a este país medio millón de toneladas de acero.

Chile es el mayor productor de cobre de la región, pero también hay minas en explotación en México, Perú, Venezuela, Bolivia, Cuba y Brasil.

El plomo y el cinc, que normalmente se encuentran juntos, se explotan principalmente en México, Perú y la Argentina. México es el mayor productor de cinc de la región, y Perú es el mayor productor de plomo.

Bolivia ocupa el segundo lugar mundial entre los productores de estaño, y sólo Canadá supera a México en la producción de plata. Más de la mitad del suministro de bauxita del mundo libre proviene de América del Sur y de las Antillas, pero los principales países productores no forman parte de la América hispana. No obstante, la bauxita, que es la mena del aluminio, es un renglón importante en las exportaciones de la República Dominicana, y Venezuela está comenzando a explotar sus ricos yacimientos.

Otros minerales de importancia económica en Latinoamérica son el manganeso, que se produce principalmente en Chile; el antimonio, en Bolivia y México, y el níquel, en Cuba. Los nitratos de Chile, que en otro tiempo fueron la base de la industria de fertilizantes, perdieron gran parte de su valor económico cuando comenzaron a fabricarse productos sintéticos que los sustituyen con ventaja como fuentes de nitrógeno para la fabricación de abonos químicos.

NOTA CULTURAL

Mena es el mineral tal como se extrae de la mina. *Ganga* es la materia inútil que queda cuando se extrae el mineral de la mena.

VOCABULARIO

ADJETIVOS

crítico(a) critical
químico(a) chemical
sintético(a) synthetic

NOMBRES

el **abono** fertilizer
la **abundancia** abundance
el **acero** steel
el **aluminio** aluminum
el **antimonio** antimony
la **bauxita** bauxite
el **cinc** zinc
el **depósito** deposit
la **energía** energy
la **fabricación** manufacture
la **forma** form
el **manganeso** manganese

la **mena** ore
la **mina** mine
el **mineral** mineral
el **mineral de hierro** iron ore
la **minería** mining
el **níquel** nickel
el **nitrato** nitrate
el **nitrógeno** nitrogen
el **suministro** supply
la **ventaja** advantage

OTRAS PALABRAS Y FRASES

calcular que to reckon that

VERBOS

fabricar to manufacture

PRIMER PASO: Comprensión

¿Verdadero o Falso?

Escriba una *V* o una *F*, según corresponda.

1. En América Latina escasean los minerales. _____

2. El carbón es un recurso crítico para el desarrollo de la industria pesada. _____

3. México fue el primer país del mundo en producir acero utilizando el carbón como fuente de energía. _____

4. Venezuela es uno de los diez mayores productores mundiales de mineral de hierro. _____

5. Argentina es el mayor productor de cobre de América Latina. _____

6. El mayor productor de cinc de América Latina es Perú. _____

7. Bolivia ocupa el segundo lugar mundial entre los productores de estaño. _____

8. La bauxita es la mena del cobre. _____

SEGUNDO PASO: Asimilación

1. ¿Por qué hasta hace poco tiempo los países de América Latina no beneficiaban los minerales que extraían de sus minas?

   ....

   ....

2. ¿Qué hace Venezuela con la mayor parte de su producción de hierro?

   ....

   ....

3. ¿Qué minerales se encuentran juntos normalmente?

   ....

   ....

4. ¿Qué lugar ocupa México entre los productores de plata?

   ....

   ....

5. ¿De dónde proviene la mitad de los suministros de bauxita del mundo libre?

   ....

   ....

6. ¿En qué país de la América hispana hay ricos yacimientos de bauxita?

   ....

   ....

7. ¿Por qué los nitratos de Chile perdieron gran parte de su valor económico?

   ....

   ....

8. ¿Cuál es la fuente de nitrógeno para la fabricación de abonos químicos?

   ....

   ....

TERCER PASO: Aplicación

A. Usted trabaja para la empresa petrolera Chevron U.S. Inc. Traduzca los siguientes párrafos de un discurso del presidente de la Argentina.

«Argentina está dispuesta a ofrecer a corporaciones petroleras de Estados Unidos una parte de las reservas de petróleo del país en un intento de reducir la deuda externa de la nación, que asciende a 48.000 millones de dólares, y de controlar la tasa de inflación, que actualmente pasa del 800 por ciento. No estamos dispuestos a ofrecer concesiones o permisos, pero sí una participación mediante contratos para la exploración y explotación de crudo, con garantía de pago a los contratistas con productos, y libre disponibilidad de la parte de divisas del precio».

....

....

....

....

....

....

....

....

....

....

....

....

B. **Usted trabaja para la Nucor Corporation, una compañía acerera de Estados Unidos interesada en vender tecnología y servicios al gobierno de Venezuela. Traduzca el siguiente fragmento de un informe.**

Nucor Corporation is the eighth-largest steel producer in the United States, but one of the most profitable carbon-steel manufacturers in the world. Its seven mills melt scrap metal into the steel billets from which other products are made in its eight factories. Last year, Nucor produced 1.5 million tons of steel and earned over $45 million in profits on sales of about $670 million. Although almost every major breakthroguh in the steelmaking process in the past three decades has come from outside the United States, today Japanese and Europeans come to Nucor for new ideas. One Nucor technique enables it to convert an ovenful of scrap metal into a truckload of finished steel in two hours. Nucor needs between two and four hours of labor to turn out a ton of steel. In addition, the company emphasizes research and development, modernizes its plants frequently, and designs much of its own equipment.

....

....

....

....

....

....

....

....

....

....

....

....

....

....

....

....

....

....

....

3 La industria

Cuando decimos «países subdesarrollados» o «países en vías de desarrollo», el desarrollo de que hablamos es, fundamentalmente pero no únicamente, el desarrollo industrial. Los países subdesarrollados o en vías de desarrollo son, por lo común, países exportadores de productos agrícolas y de minerales en bruto. Sin embargo, después de la Segunda Guerra Mundial, muchas empresas de los países más avanzados establecieron, en el Tercer Mundo, plantas industriales para aprovechar la mano de obra barata y abundante. Buena parte de la ropa y los zapatos que nos ponemos, los aparatos eléctricos y electrónicos que tenemos en casa y la oficina, las herramientas que usamos en el taller, etc. vienen de países del Tercer Mundo, especialmente, de Asia.

En la América Latina, por lo general, los países pusieron trabas a las inversiones extranjeras, porque estaban empeñados en programas de industrialización nacionales, casi siempre a cargo de los estados. Al cabo, muchas de las industrias creadas resultaron incosteables o incapaces de competir con las extranjeras. Así, a la ola de nacionalizaciones de los 60, siguió la de privatización en los 80. Sin embargo, el programa tuvo algunos éxitos notables. De 1963 a 1968, México aumentó su industrialización en un 59%, Argentina en un 39%, Brasil en un 34% y Venezuela en un 30%. Aun algunos de los países más pequeños vieron aumentar el número de sus industrias: El Salvador aumentó su producción industrial en un 79%.

México y Venezuela, con grandes reservas metalúrgicas y mucho petróleo, tendieron al incremento de la industria metalúrgica y de la petroquímica, especialmente

```
┌─────────────────────────────────────┐
│                                     │
│   IMPORTANTE EMPRESA INDUSTRIAL     │
│              NECESITA               │
│                                     │
│   JEFE DE COMPRAS                   │
│                                     │
│   Requisitos:                       │
│                                     │
│   —Graduado universitario           │
│   —Preferiblemente ingeniero industrial │
│   —Mínimo 1 año de experiencia en el área de │
│   compras                           │
│   —Dominio del idioma inglés        │
│   —Excelentes relaciones humanas    │
│   —Experiencia en manejo de personal │
│                                     │
│   Se ofrece:                        │
│                                     │
│   —Estabilidad laboral              │
│   —Buena remuneración               │
│   —Beneficios adicionales.          │
│                                     │
│   Interesados enviar solicitudes en sobre cerrado di- │
│   rigido a "Jefe de Compras" apartado 6595, San │
│   José.                             │
│                                     │
└─────────────────────────────────────┘
```

las del hierro, los fertilizantes y otros productos químicos. Argentina, a pesar de autoabastecerse de petróleo, no tuvo mayor fortuna con sus nuevas industrias. Para 1985 sólo usaba el 50% de su capacidad industrial instalada.

Mucho más éxito que con sus industrias estatales, tuvo México con su programa de industrias extranjeras dedicadas a producir para la exportación. Al abrir sus puertas a las industrias foráneas, se establecieron en el país industrias de todo tipo, desde talleres de confecciones y envasadoras de alimentos—ejemplos típicos de industria ligera—hasta fábricas de motores—industria pesada—y semiconductores y partes y accesorios para computadoras—industria electrónica.

La privatización comenzó en Chile y Perú por motivos tanto políticos como económicos, luego de la caída de gobiernos izquierdistas. Sin embargo, para mediados de los 80 la tendencia era general. Mexico y Brasil vendieron industrias en el 85.

NOTA CULTURAL

Desarrollo económico es el proceso para elevar el nivel de vida de un pueblo. El desarrollo económico se refiere al aumento de la producción y de la industrialización del país, y también al mejoramiento de la nutrición, de la salud y de la educación, así como de las instituciones sociales.

VOCABULARIO

avanzado(a)   advanced
electrónico(a)   electronic
empeñado(a)   engaged
estatal   state
foráneo(a)   foreign
izquierdista   left-wing
ligero(a)   light
metalúrgico(a)   metallurgic
notable   noteworthy

NOMBRES

el **alimento**   food
el **aparato**   appliance
la **confección**   manufactured article, ready-made garment
el **ejemplo**   example
la **envasadora**   packing plant
la **fortuna**   fortune, luck
la **herramienta**   tool
el **incremento**   increase

el **motivo**   motive, reason
la **nacionalización**   nationalization
la **ola**   wave
la **parte**   part
la **privatización**   privatization
el **semiconductor**   semiconductor
la **tendencia**   trend, tendency

OTRAS PALABRAS Y FRASES

a cargo de   in charge of
a pesar de   in spite of
en bruto   raw, unworked
para mediados de los 80   by the middle of of the 80's
poner trabas   to shackle, to restrain
únicamente   solely
por lo común   generally

VERBOS

dedicar   to dedicate

PRIMER PASO: Comprensión

Combine los elementos de la primera columna con los de la segunda.

1. Los países subdesarrollados son, por lo común, países   _____
2. Las empresas de los países avanzados establecen plantas industriales en el Tercer Mundo para   _____
3. En América Latina, por lo general, los países pusieron trabas a las   _____
4. A la ola de nacionalización de los 60, siguió la de   _____
5. México y Venezuela tienen   _____
6. Las fábricas de motores son   _____
7. Las plantas envasadores de alimentos son   _____
8. Las fábricas de semiconductores y partes y accesorios para computadores son   _____

a. inversiones extranjeras

b. industrias pesadas

c. industrias electrónicas

d. exportadores de productos agrícolas y minerales

e. industrias ligeras

f. aprovechar la mano de obra barata

g. grandes reservas metalúrgicas

h. privatización de los 80

SEGUNDO PASO: Asimilación

1. ¿De dónde proviene buena parte de la ropa y de los zapatos que nos ponemos?

   ....

   ....

2. ¿Por qué los países de América Latina pusieron trabas a las inversiones extranjeras?

....

....

3. ¿Por qué muchas industrias creadas en América Latina resultan incapaces de competir con las extranjeras?

....

....

4. ¿A qué se debió la ola de privatización de los 80?

....

....

5. ¿Qué países tuvieron éxitos notables en sus programas de industrialización?

....

....

6. ¿Qué industrias nuevas establecieron México y Venezuela?

....

....

7. ¿Por qué Argentina no tuvo mayor fortuna con sus industrias?

....

....

8. ¿Qué tipos de industrias extranjeras permitió México?

....

....

9. ¿Cuáles fueron los motivos de la privatización de industrias en Chile y Perú?

....

....

10. ¿Cuándo comenzó la privatización de las industrias nacionalizadas en Chile y Perú?

....

....

TERCER PASO: Aplicación

Prepare un informe sobre uno de estos temas:

1. La industria del calzado en España
2. La industria del acero en Venezuela
3. La industria licorera en Puerto Rico

Fuentes: *Enciclopedias Americana y Británica*
Almanaque Mundial
Revistas especializadas

Lecturas suplementarias

1. La economía de México
2. Los problemas económicos de la América Central
3. España entra en el Mercado Común Europeo

1 La economía de México

Aunque España es «la madre patria» y Argentina es el país de habla española de mayor extensión, México es el primero por el número de sus habitantes. Por otra parte, después de Japón y Canadá, México es el país con que tenemos mayor intercambio comercial.

México es un país de vastos recursos económicos, pero no todos están debidamente explotados. El petróleo es su principal producto de exportación. Su producción, refinamiento y comercialización están controlados por Petróleos Mexicanos (PEMEX), una empresa del estado. México produce un millón y medio de barriles de petróleo diarios, y nuestro país es su mejor cliente en ese renglón. Además, nos vende millones de pies cúbicos de gas natural.

La producción industrial de México se cuadriplicó° entre 1960 y 1980, y *quadrupled* hoy representa el 40% de su producto industrial bruto. Actualmente, su industria petroquímica es la mayor de América Latina, y su industria del acero ocupa el segundo lugar en la región. Otras industrias mexicanas importantes son el ensamblaje de automóviles, la industria cervecera y la papelera.

Las industrias propiedad del estado dominan el sector industrial, y además, México protege a sus industrias mediante barreras aduanales, permisos de importación, exenciones° de impuestos y ayuda financiera. Sin *exemptions* embargo, la eliminación de la competencia internacional da lugar a que los mexicanos tengan que pagar más por muchos productos de consumo. En 1985, México comenzó a cambiar su política de proteccionismo -para la sustitución de las importaciones- por la de aliento° a las inversiones extranjeras *encouragement* -para la producción de artículos para la exportación. Un ejemplo de esta nueva política que conlleva° la renuncia° a la participación del estado o de *bears / relinquishment* la empresa nacional en las nuevas industrias extranjeras, es la autorización dada a la IBM, en 1985, para el establecimiento de una planta en México totalmente propiedad de la compañía extranjera. La Apple Computers y la Hewlett-Packard cuando establecieron sus plantas años antes tuvieron que dar el 51% de las acciones al estado mexicano.

La mayor parte de la agricultura comercial en México está concentrada en las tierras semiáridas que quedaron fuera de la reforma agraria. Las mejores tierras están en manos de los *ejidos*°, y éstos, sin recursos suficientes *common properties* ni dirección capaz, sólo producen, en la mayor parte de los casos, maíz, frijoles y otros productos para la subsistencia de los ejidatarios°. Así, México *people of the ejidos* produce para exportar algodón, azúcar, tomates, café, frutas y vegetales de invierno, pero necesita importar granos, semillas oleaginosas° y leche. Sin *oleaginous* embargo, se autobastece de carne, y aun exporta a los Estados Unidos ganado para cebar°. *to fatten*

EL SIGNO DE PESOS

No se sabe exactamente cuándo, dónde, ni quién inventó el signo de pesos ($).
Parece haber nacido de la abreviatura de la palabra *pesos* (ps), del mismo
modo que, según algunos, el signo ($) nació de la superposición de las letras
U.S. No es cierto, sin embargo, que el signo $ se formara a partir del signo $. El
dólar apareció en 1785, y se encuentran signos de peso ($) en manuscritos
mexicanos desde 1775. Hoy ambos signos se usan indistintamente.

¿Qué sabe usted de la economía de México?

1. ¿Cuál es el principal producto de exportación de México?

   ....

2. ¿De qué se encarga la empresa PEMEX?

   ....

3. ¿Qué país es el mayor comprador de petróleo mexicano?

   ....

4. ¿Qué importancia tiene la industria petroquímica en México?

   ....

5. ¿Cuáles son algunas de las industrias mexicanas más importantes?

   ....

6. ¿Cómo protege México a su industria?

   ....

7. ¿A qué da lugar la eliminación de la competencia extranjera?

   ....

8. ¿Dónde está concentrada la mayor parte de la agricultura comercial de México?

   ....

9. ¿Qué productos agrícolas exporta México?

   ....

10. ¿Qué productos agrícolas importa México?

    ....

2 Los problemas económicos de la América Central

Por lo general, los países subdesarrollados siguen una de estas estrategias para el desarrollo: la sustitución de las importaciones, o el desarrollo para la exportación. Aconsejados por algunos economistas de la organización regional de las Naciones Unidas, los países centroamericanos decidieron acogerse a la primera opción; levantaron barreras aduanales y dificultaron las importaciones para favorecer el desarrollo de la industria nacional. No tuvieron éxito. Veinticinco años después de haber iniciado el proceso, encontraron que el 40% del valor añadido a la industria fue en las industrias transformativas de productos agrícolas, mientras que en las industrias químicas y metalúrgicas el aumento sólo fue del 10 al 20%. La industria textilera, sector típico de la industria ligera, solamente creció de manera importante en Guatemala y El Salvador.

La existencia de una mano de obra abundante y barata debió atraer las inversiones extranjeras como sucedió en Taiwán, Hong Kong, Korea y otros pequeños países asiáticos, pero los centroamericanos les pusieron demasiados obstáculos, porque temían a la intervención de las compañías extranjeras en sus asuntos internos, Sin embargo, un análisis comparativo de los distintos países de la región no justifica el miedo. Costa Rica fue, tradicionalmente, el país más penetrado por el capital extranjero. La United Fruit, de tan malos recuerdos en otros países, poseía más del 10% del territorio nacional y era el mayor empleador del país, hasta hace pocos años. Sin embargo, Costa Rica es, y fue tradicionalmente, el país más democrático de la región, con un alto nivel de educación, y el mejor nivel de vida de la región. Además, es la única nación del área donde se respetan los salarios mínimos, el código° laboral y otras leyes sociales. Sin embargo hoy, debido al alto costo del petróleo y a la retirada°de la United Brands -sucesora de la United Fruit- el país atraviesa la mayor crisis económica de su historia y es, relativamente, el país más endeudado de América, con más de $2.000 de deuda por habitante. *code* *withdrawal*

Por otra parte, Nicaragua, tradicionalmente uno de los países menos penetrados por las internacionales, es también uno de los más pobres y menos democráticos de la región. Aunque la mano de obra era barata y abundante antes de la revolución, el dictador Somoza ponía trabas° a la inversión extranjera para proteger los negocios de la oligarquía gobernante. La revolución marxista confiscó las tierras, pero fue incapaz de mantenerlas produciendo. Las tierras, en manos de la oligarquía, producían ganado, algodón y arroz para la exportación y el consumo nacional; después no producían ni para una cosa ni para la otra, y el país era sostenido° por la ayuda soviética y cubana. *obstacles* *supported*

En realidad, estos países, para progresar, dependen del capital extranjero, pues carecen de° los recursos económicos necesarios. El capital extranjero puede llegarles a través de empresas extranjeras privadas, o mediante préstamos al estado, pero la experiencia nos dice que las empresas estatales en la mayoría de los países de América Latina resultan antieconómicas, lo mismo en los países capitalistas que en los comunistas. *they lack*

Características de un país en vías de desarrollo

1. La mayoría de la población vive en el campo y la agricultura proporciona la mayor parte de los ingresos.

2. Las exportaciones consisten en uno o dos productos principales, generalmente productos agrícolas o minerales, en forma de materias primas o productos semielaborados.

3. Se importa la mayor parte de los productos manufacturados.

4. La fuerza de trabajo tiene un bajo nivel de educación y, por tanto, una productividad escasa.

5. Hay unos pocos ricos y muchos pobres. La clase media casi no existe.

6. La tasa de crecimiento de la población es mucho mayor que la de los países desarrollados.

7. Los gobiernos son dictaduras o democracias inestables.

¿Qué sabe usted de los problemas económicos de América Central?

1. ¿Qué estrategias para el desarrollo siguieron los países de América Central?

   ....

   ....

2. ¿Qué hicieron para favorecer el desarrollo de la industria nacional?

   ....

   ....

3. ¿Qué industrias fueron las que más se desarrollaron?

   ....

   ....

4. ¿Dónde se desarrolló más la industria textilera?

   ....

   ....

5. ¿Por qué la existencia de mano de obra barata no atrajo las inversiones extranjeras?

   ....

   ....

6. ¿Por qué los países centroamericanos pusieron obstáculos a las inversiones extranjeras?

   ....

   ....

7. ¿Cuál fue, tradicionalmente, el país del área más penetrado por el capital extranjero?

....

....

8. ¿Qué importancia tenía la United Fruit para la economía de Costa Rica?

....

....

9. ¿Qué características distinguen a Costa Rica de otros países del área?

....

....

10. ¿Que características distinguen a Nicaragua?

....

....

11. ¿Por qué el dictador Somoza ponía trabas a las inversiones extranjeras?

....

....

12. ¿Qué sucedió cuando la revolución marxista confiscó las tierras?

....

....

3 España entra en el Mercado Común Europeo

Ocho años después de solicitar su ingreso° en el Mercado Común Europeo, España, el segundo país más grande de Europa occidental y el quinto en población, entra con orgullo a formar parte de la Comunidad Económica Europea. En este siglo, España pasó por cuarenta años del gobierno de Franco, quien cultivó y sufrió una política de aislamiento°. España no participó activamente en las dos guerras mundiales, no recibió ayuda del Plan Marshall americano, ni entró en las Naciones Unidas hasta 1955.

entry

isolation

La entrada en el Mercado Común Europeo es una consecuencia natural del cambio de España, después de Franco, a una democracia representativa. Durante el gobierno de Franco, Europa rechazó la entrada de España en la comunidad por lo que la presente aceptación de España es una señal de aprobación° del proceso democrático del país en la última década.

a sign of approval

Con el entusiasmo público que la entrada de España en el Mercado Común generó° en la nación, el público en general tendió a ignorar el impacto económico que a corto plazo iban a sufrir algunos sectores de la economía. La industria, crecida bajo el proteccionismo del aislamiento que le permitió controlar el mercado nacional y exportar grandes cantidades de sus productos, está siendo la más afectada. La entrada significa que España tiene que adoptar, poco a poco, durante los primeros siete años de transición, tarifas arancelarias en consonancia con° las del Mercado Común, y tiene que eliminar progresivamente la protección de las tarifas arancelarias. La entrada conlleva también la introducción de medios fiscales° europeos, tales como el impuesto al valor añadido°, que tiene un efecto netamente inflacionario. Algunos economistas de Madrid estiman que con el efecto combinado de tarifas y políticas fiscales al estilo europeo, la producción de la industria española puede reducirse a la mitad.

generated

in accordance with

fiscal means
value-added tax

Sin embargo, a pesar de los problemas inmediatos de ajuste°, el sector agrícola se va a beneficiar a largo plazo. Las complejas negociaciones que se llevan a cabo para controlar la entrada en el Mercado de los productos agrícolas españoles y para permitir la expansión gradual de las exportaciones agrarias hispanas al resto del continente, fueron una reacción lógica al miedo de una invasión explosiva de los productos agrícolas españoles en el resto de Europa. Sin embargo, hay escasez° de agua en España y, aun con métodos modernos de riego, apenas hay agua para mantener los presentes niveles de producción.

adjustment

shortage

Por otra parte, la inversión extranjera está mostrando una fuerte expansión. La entrada en el Mercado Común atrae la inversión de los países que no son miembros de la Comunidad Europea, tales como los Estados Unidos, Japón y Suiza. A través de España, estos países ven una posibilidad de penetración en el Mercado Común Europeo. También, ven la posible expansión y desarrollo de un mercado local en un país de 40 millones de habitantes.

¿Qué sabe usted de la entrada de España en el Mercado Común Europeo?

1. ¿Qué tipo de política cultivó y sufrió España bajo la dictadura de Franco?

   ....

   ....

   ....

2. ¿Qué sector de la economía española es el más afectado por la entrada de España en el Mercado Común Europeo?

   ....

   ....

   ....

3. ¿Por qué la industria está sufriendo las consecuencias de la entrada del país en el Mercado Común?

   ....

   ....

   ....

4. ¿Qué cambios debe hacer España durante los 7 primeros años en el Mercado Común?

   ....

   ....

   ....

5. Según algunos economistas de Madrid, ¿cuánto puede reducirse la producción industrial española?

   ....

   ....

   ....

6. ¿Qué sector de la economía se va a beneficiar a largo plazo?

   ....

   ....

   ....

7. ¿Por qué la exportación de productos agrícolas españoles no puede aumentar mucho?

   ....

   ....

   ....

8. ¿Por qué las empresas americanas y japonesas están invirtiendo ahora en España?

....

....

....

Las inversiones en el extranjero

Lección 4

1. Las inversiones en México
2. Las multinacionales
3. El caso especial de Puerto Rico

1 *Las inversiones en México*

A partir de 1938, la legislación mexicana sobre inversiones extranjeras reservó para el estado la explotación de aquellas industrias que consideraba básicas para el desarrollo del país, como la petrolera, la petroquímica básica y la eléctrica. Por otra parte, negó al capital extranjero toda participación en las inversiones en instituciones de crédito y organismos auxiliares, instituciones de seguros y fianzas, radio y televisión, transporte automotor, distribución de gas y explotación forestal.

Además, la ley señaló otras actividades en las que el capital nacional debe ser mayoritario, entre las que incluyó la petroquímica secundaria, la minería, los transportes marítimos, la producción de fertilizantes e insecticidas y otras. Sin embargo, a pesar de todas las restricciones, México es, despues de Brasil, el país de América Latina con mayores inversiones norteamericanas. Actualmente, las inversiones estadounidenses en el país pasan de los $10.000 millones, debido principalmente al establecimiento de las «maquiladoras».

A partir de 1965, aprovechando las ventajas que le ofrecían las nuevas disposiciones sobre tarifas de los Estados Unidos, México alentó un programa de industrias fronterizas que dio por resultado el establecimiento de cientos de plantas ensambladoras y de otros tipos, principalmente, en el norte de México. Generalmente se las conoce con el nombre de «maquiladoras», y son, actualmente, la tercera fuente de entradas de divisas del país. Aunque muchas de ellas tienen nombres en español sus propietarios son, por lo general, grandes empresas americanas como la General Motors, la Ford Motor Company, la General Electric, la RCA, Johnson & Johnson, etc. Estos grandes complejos industriales americanos hacen en México las tareas y procesos que requieren mucha mano de obra, para aprovecharse de los bajos salarios mexicanos.

Inicialmente, los sindicatos obreros americanos protestaron porque estimaban que las «maquiladoras» quitaban trabajo a sus miembros, mientras los empresarios alegaban que la práctica beneficiaba a los obreros americanos, pues gracias a la mano de obra barata mexicana los productos de sus empresas podían competir en el mercado. Al cabo, un estudio sobre la cuestión llegó a la conclusión de que «o unos trabajos se hacen aquí y otros allá o no hay trabajo ni para unos ni para otros».

Como dato curioso debemos señalar que las inversiones mexicanas en los Estados Unidos pasan de los $30.000 millones.

CURIOSIDAD

La palabra *salario* viene de *sal*, debido a que en una época la *sal* se usó como moneda para pagar a los soldados romanos.

VOCABULARIO

ADJETIVOS

automotor automotive
auxiliar ancillary, auxiliary
básico(a) basic
curioso(a) curious
estadounidense American
forestal forest
fronterizo(a) border
marítimo(a) maritime
mayoritario(a) majority

la **petrolera** oil industry
la **petroquímica** petrochemical industry
el **propietario** owner
la **restricción** restriction
el **salario** wages
el **seguro** insurance
el **sindicato** trade or labor union
la **tarea** task
la **tarifa** tariff

NOMBRES

el **complejo** complex
la **cuestión** matter, question
el **dato** fact, information
la **disposición** disposition, stipulation
el **empresario** manager, extrepreneur
el **establecimiento** establishment
la **fianza** bail, bond
el **insecticida** pesticide
la **legislación** legislation
el **organismo** organization, institution
la **participación** participation

OTRAS PALABRAS Y FRASES

inicialmente initially
la institución de crédito lending institution, loan company
la planta ensambladora assembly plant

VERBOS

alegar to claim that
considerar to consider
protestar to protest
requerir to require
reservar to reserve

PRIMER PASO: Comprensión

Seleccione la frase que mejor complete cada una de las siguientes oraciones.

1. A partir de 1938, la legislación mexicana sobre inversiones extranjeras reservó para el estado
   a. toda participación en las inversiones e industrias fronterizas.
   b. la explotación de aquellas industrias que consideraba básicas para el desarrollo del país.
   c. el establecimiento de plantas ensambladoras.

2. La legislación mexicana de 1938 negó al capital extranjero toda participación en las inversiones en
   a. las instituciones de crédito y organismos auxiliares.
   b. la explotación forestal y el transporte automotor.
   c. la producción de fertilizantes e insecticidas.

3. Las disposiciones sobre tarifas de los Estados Unidos de 1965 favorecieron
   a. el establecimiento de las «maquiladoras».
   b. las inversiones en instituciones de seguros y fianzas.
   c. el desarrollo de la minería.

4. Los grandes complejos industriales americanos hacen en sus plantas de México aquellas tareas que requieren
   a. gran consumo de petróleo o de gas.
   b. ventajas en las tarifas.
   c. mucha mano de obra.

5. Un estudio sobre las «maquiladoras» llegó a la conclusión de que estas plantas
   a. quitan trabajo a los obreros americanos.
   b. perjudican a los obreros mexicanos.
   c. benefician tanto a los obreros americanos como a los mexicanos.

6. Las inversiones mexicanas en los Estados Unidos
   a. son escasas.
   b. son mayores que las inversiones americanas en México.
   c. quitan trabajo a los obreros americanos.

SEGUNDO PASO: Asimilación

1. En México, ¿cuáles son algunas industrias básicas cuya explotación está reservada para el estado?

   ....

   ....

2. ¿En qué actividades el capital nacional debe ser mayoritario?

   ....

   ....

3. ¿Qué lugar ocupa México entre los países de América Latina con mayores inversiones norteamericanas?

   ....

   ....

4. ¿Qué son las «maquiladoras»?

   ....

   ....

5. ¿Qué resultado obtuvo México del programa de industrias fronterizas?

   ....

   ....

6. ¿Qué lugar ocupan las «maquiladoras» como fuente de ingreso de divisas?

   ....

   ....

7. ¿Quiénes son, por lo general, los propietarios de las «maquiladoras»?

   ....

   ....

8. ¿Por qué algunos grandes complejos industriales hacen en México las tareas que requieren mucha mano de obra?

   ....

   ....

9. ¿Qué piensan los sindicatos obreros norteamericanos sobre las «maquiladoras»?

....

....

10. ¿Qué dicen los empresarios?

....

....

11. ¿A qué conclusión llegó un estudio sobre la cuestión?

....

....

12. ¿Cuál es su opinión personal?

....

....

REPASO DE ALGUNAS ESTRUCTURAS GRAMATICALES

A. El pretérito contrastado con el imperfecto

Complete las siguientes oraciones con las formas correspondientes de los verbos entre paréntesis.

1. Los países petroleros .... (gastar) lo suyo y lo ajeno pensando que la

    danza de los millones no se les .... (ir) a terminar nunca.

2. Al cabo, todos se .... (endeudar) y, para 1982, ...
    (estar) al bordè de la ruina.

3. Las multinacionales latinoamericanas .... (buscar) la colaboración de

    las multinacionales de los países desarrollados, porque sus países ....
    (necesitar) la tecnología moderna.

4. Hasta 1985, el petróleo se .... (transportar) por ferrocarril o por carre-

    tera, pero ese año se .... (terminar) el oleoducto.

B. Verbos que sufren cambios radicales

Conteste con oraciones completas utilizando la información dada entre paréntesis.

1. ¿Qué hicieron los países sin petróleo? (pedir dinero prestado)

....

....

2. ¿Qué hicieron para pagar sus importaciones? (conseguir dinero prestado)

....

....

3. ¿Qué hicieron las multinacionales de América Latina para lograr la colaboración de las multinacionales de los países industrializados? (no competir con ellas)

....

....

4. ¿Qué hicieron los países petroleros con buena parte de sus grandes ingresos? (invertirlos en refinerías e industrias petroquímicas)

....

....

2 *Las multinacionales*

La polémica en relación con el papel de las multinacionales en el Tercer Mundo sigue en pie, y todavía son muchos los que las culpan de todos los males de los países más pobres del orbe. Los primeros estudiosos del fenómeno vieron las inversiones extranjeras, principalmente, como una forma de transferir recursos a países con escasos ahorros nacionales y limitadas fuentes de divisas. Más tarde, se dieron cuenta de que las multinacionales, además de capital, llevaban a los países tecnología avanzada, métodos de comercialización sofisticados, y complejos sistemas de organización y dirección de empresas.

También descubrieron que las multinacionales sacaban de los países más dinero del que invertían, competían con las empresas locales con desventajas para estas, promovían patrones de consumo inapropiados, y, a menudo, corrompían a los gobernantes e intervenían en los asuntos políticos internos del país.

Por lo general, los gobiernos de América Latina se fijaron más en lo malo que en lo bueno, y cerraron las puertas a las inversiones extranjeras o les pusieron muchos obstáculos. Sin embargo, los países más avanzados comprendieron pronto que mejor era no cerrarles las puertas, sino entornárselas. Esto es, las dejaron invertir, pero regularon sus inversiones. Así, limitaron los perjuicios sin renunciar a los beneficios. México, con su programa de inversiones en la frontera de 1965, es el mejor ejemplo de esta nueva política.

En consecuencia, las inversiones de las transnacionales se concentraron en los países más avanzados y ayudaron a desarrollarlos aún más. Un informe de las Naciones Unidas de 1984 señalaba cómo, de 1970 a 1981, el 60% de todas las inversiones de las multinacionales en el Tercer Mundo se hicieron en países con más de $1.000 de ingreso doméstico bruto (IDB) *per cápita,* mientras que los países con menos de $380 de IBD sólo recibieron el 5% de dichas inversiones, a pesar de contar con el 60% de la población.

Al cabo, las realidades económicas se impusieron, y fueron muchos los países que comenzaron a alentar las inversiones extranjeras. Sin embargo, su éxito fue escaso. De 1981 a 1983, las inversiones extranjeras en América Latina se redujeron en un 50% y, con el fantasma de la gran deuda, las perspectivas futuras fueron aún peores. Además, para esa fecha, la mayor parte de las transnacionales no buscaban ya países con mano de obra barata y abundante para la industria ligera, sino países con un mercado interno apreciable, con infraestructuras económicas bastante desarrolladas, con una mano de obra entrenada o fácilmente entrenable, y con estabilidad política. Desgraciadamente, los países más pobres de América Latina no podían ofrecerles esas condiciones.

VOCABULARIO

ADJETIVOS

entrenado(a) trained
inapropiado(a) inappropriate, unsuitable
interno(a) internal
limitado(a) limited
sofisticado(a) sophisticated

NOMBRES

la **condición** condition
la **desventaja** disadvantage
la **dirección** management
el **fenómeno** phenomenon
la **frontera** border
el **gobernante** leader
la **infraestructura** infrastructure
el **obstáculo** obstacle
el **orbe** world
el **patrón** pattern, standard
el **perjuicio** damage
la **perspectiva** outlook, prospect
la **polémica** polemic, controversy
la **política** policy, politics
la **realidad** reality
la **transnacional** multinational

OTRAS PALABRAS Y FRASES

bastante enough
desgraciadamente unfortunately
en consecuencia accordingly, in consequence
entrenable trainable
fácilmente easily
pronto soon
seguir en pie to remain

VERBOS

comprender to understand, to include
corromper to corrupt
culpar to blame
entornar to half close
fijarse to take notice
imponerse to impose itself
invertir to invest
limitar to limit
promover to promote
regular to regulate
renunciar to give up
transferir to transfer

PRIMER PASO: Comprensión

¿Verdadero o Falso?

Escriba una *V* o una *F*, según corresponda.

1. Muchos culpan a las multinacionales de todos los males de los países pobres. _____

2. Las multinacionales llevan a los países tecnologías avanzadas. _____

3. Las multinacionales invierten en los países subdesarrollos más dinero del que sacan de ellos. _____

4. Las multinacionales nunca intervienen en los asuntos internos de los países pobres. _____

5. Las multinacionales promueven patrones de consumo inapropiados para los países pobres. _____

6. Muchos países de América Latina cerraron sus puertas a las inversiones extranjeras o _____
les pusieron obstáculos.

7. Las inversiones de las multinacionales se concentraron en los países más pobres. _____

8. En los primeros años de la década de los 80 aumentaron las inversiones de las multina- _____
cionales en la América Latina.

9. Ahora la mayor parte de las multinacionales buscan países con infraestructuras eco- _____
nómicas bastante desarrolladas.

10. México dejó invertir a las multinacionales pero reguló sus inversiones. _____

SEGUNDO PASO: Asimilación

1. ¿Cómo vieron los primeros estudiosos del fenómeno las inversiones de las multinacionales en
el Tercer Mundo?

....

....

2. ¿Qué otras ventajas para los países pobres encontraron en dichas inversiones?

....

....

3. ¿Qué desventajas descubrieron en dichas inversiones?

....

....

4. Por lo general, ¿qué hicieron los países de América Latina?

....

....

5. ¿Qué comprendieron pronto los países más avanzados?

....

....

6. ¿Qué hicieron entonces?

....

....

7. ¿Qué país es el mejor ejemplo de esta nueva política?

....

....

8. ¿En qué países se concentraron las inversiones de las multinacionales en la década de los 70?

....

....

9. ¿Qué hicieron al cabo los países más pobres obligados por las realidades económicas?

....

....

10. ¿Por qué los países más pobres no atraen las inversiones de las multinacionales?

....

....

TERCER PASO: Aplicación

Debate. Tema: Las multinacionales en la América Latina

Algunos argumentos[1] a favor:

1. Ayudan a descubrir recursos ignorados.
2. Cuentan con capital abundante para explotar recursos de explotación costosa.
3. Importan tecnologías avanzadas.
4. Dan trabajo a miles de obreros y empleados.
5. Pagan buenos sueldos y salarios y adiestran a sus obreros.
6. Pagan grandes impuestos.
7. Conocen al mercado internacional y están en condiciones de competir en él.
8. Tienen buenos canales de distribución para las materias primas o productos.

Algunos argumentos en contra:

1. Explotan los recursos del país en su propio beneficio, y se llevan las utilidades para sus países de origen.
2. Hacen competencia desleal a las empresas nacionales.
3. Importan tecnologías muy sofisticadas y costosas que no pueden ser aprovechadas por los países receptores.
4. Pagan salarios y sueldos menores de los que pagan en los países desarrollados.
5. Falsean la contabilidad para pagar menos impuestos.
6. Importan a los directivos y técnicos y discriminan a los trabajadores del país.
7. Intervienen en la política nacional y consiguen todo tipo de privilegios.
8. No cuidan de la conservación de los recursos naturales ni de la contaminación del ambiente.

---

[1]**argumento:** a reason given in favor of or against something.

3 El caso especial de Puerto Rico

De 1950 a 1970, Puerto Rico experimentó un «milagro económico». El ingreso *per cápita* aumentó de $278 en 1950, a $1.383 en 1970. Sin embargo, sólo una década después algunos economistas se referían al país como el «Welfare State». Para tratar de explicar lo que pasó en tan corto tiempo, debemos de hacer un poco de historia.

En 1898, cuando Puerto Rico pasó a poder de los Estados Unidos, ya era un país superpoblado. La pequeña isla, sin recursos naturales y con poca tierra arable, no podía sostener una población tan grande. Con el cambio de metrópoli la economía mejoró, pero el nivel de vida se mantuvo muy por debajo del de los Estados Unidos aún después de que los puertorriqueños recibieron la ciudadanía americana en 1917.

En 1948, Puerto Rico pasó a ser un «estado libre asociado» y, como tal, pudo ofrecer dos grandes ventajas a los inversionistas: libre acceso al mercado americano y completa exención de impuestos federales. Además, el país no estaba obligado a cumplir estrictamente la ley de salarios mínimos. Así, en unos pocos años se establecieron en la isla más de dos mil fábricas. Entre ellas pequeñas industrias textiles en busca de mano de obra barata, pero también plantas de alta tecnología para la producción de equipos electrónicos y de productos farmacéuticos, y un complejo petroquímico que está entre los más grandes del mundo.

Entonces, el gobierno de turno y una gran parte del pueblo pensaron en convertir a Puerto Rico en un estado más de la Unión y comenzaron a dar los pasos necesarios para ajustarse al cambio. Así, eliminaron algunas de las ventajas ofrecidas al capital extranjero. En primer lugar, extendieron a la isla el salario mínimo y establecieron algunos impuestos. Pero con salarios mínimos y con impuestos iguales a los del continente, producir en Puerto Rico resulta un poco más caro; por tanto, se paralizaron las inversiones. Se produjo entonces la crisis del petróleo y el complejo petroquímico, construido cuando el petróleo extranjero era mucho más barato que el doméstico, tuvo que disminuir grandemente su producción. Cundió el desempleo y los programas de ayuda federal acudieron para evitar la miseria.

En 1970, los fondos federales representaban el 5% del total del ingreso personal de Puerto Rico; en 1980, representaban el 30%. Cuando la administración de Reagan empezó a cortar los programas de ayuda federal, el programa de estampillas para alimentos se fijó en $825 millones para la Isla, y esto significó una rebaja de más de $100 millones en relación con el año anterior. Por otra parte, la eliminación del programa CETA representó la pérdida de ingresos para 20.000 puertorriqueños. Para colmo de males, el programa de Reagan para los países de la cuenca del Caribe da a esos países las dos grandes ventajas que antes sólo ofrecía Puerto Rico: exención de impuestos federales y libre acceso al mercado americano; además, esos países ofrecen una mano de obra mucho más barata.

A pesar de todo, Puerto Rico es aún hoy el país de América Latina con más altos ingresos por habitante, aunque el *per cápita* no pasa de la mitad del de los Estados Unidos.

VOCABULARIO

ADJETIVOS

arable arable, tillable
asociado(a) associate
farmacéutico(a) pharmaceutical

obligado(a) forced
superpoblado(a) overpopulated
textil textile

NOMBRES

el **acceso** access, entry
la **ayuda** help, assistance
la **ciudadanía** citizenship
la **cuenca** basin
la **década** decade
la **eliminación** elimination
el **equipo** equipment, team
la **exención** exemption
el **fondo** fund
el **inversionista** investor
la **metrópoli** mother country
el **milagro** miracle
la **miseria** destitution, proverty
el **nivel de vida** standard of living
la **rebaja** reduction

OTRAS PALABRAS Y FRASES

estrictamente strictly

para colmo de males to make matters worse
pasar a poder de to pass into the possession of
por debajo below

VERBOS

acudir to come (*go*) to the rescue
cumplir to fulfill, to comply with
cundir to spread
eliminar to eliminate
evitar to avoid
extender to extend
mantener to maintain
mejorar to improve
paralizar to come to a standstill
referirse to refer to
sostener to sustain, to support

PRIMER PASO: Comprensión

Combine los elementos de la primera columna con los de la segunda.

1. De 1960 a 1970 Puerto Rico experimenta _____

2. Algunos economistas llaman a Puerto Rico _____

3. En 1898 Puerto Rico pasó a poder de _____

4. Con el cambio de metrópoli _____

5. En 1948, Puerto Rico pasó a ser _____

6. En pocos años se establecieron en la isla _____

7. El complejo petroquímico de Puerto Rico es uno de _____

8. El gobierno y parte del pueblo pensaron en convertir a Puerto Rico en _____

9. Cuando se produjo la crisis del petróleo el complejo petroquímico tuvo que _____

10. A pesar de todo, Puerto Rico es el país de América Latina con más altos _____

a. un «estado libre asociado»

b. la economía mejoró

c. el «Welfare State»

d. los más grandes del mundo

e. disminuir grandemente su producción

f. los Estados Unidos

g. un estado más de la Unión

h. ingresos por habitante

i. un «milagro económico»

j. más de dos mil fábricas

SEGUNDO PASO: Asimilación

Conteste las siguientes preguntas.

1. ¿Por qué algunos economistas llaman a Puerto Rico el «Welfare State»?

....

....

2. ¿Qué por ciento del ingreso personal de Puerto Rico eran los fondos federales en 1970?

....

....

3. ¿Qué por ciento eran en 1980?

....

....

4. ¿Por qué Puerto Rico no podía sostener una población tan grande?

....

....

5. ¿En qué año recibieron los puertorriqueños la ciudadanía americana?

....

....

6. ¿Qué ventajas pudo ofrecer Puerto Rico a los inversionistas al convertirse en un «estado libre asociado»?

....

....

7. ¿Qué tipos de industrias se establecieron?

....

....

8. ¿Qué hizo el gobierno de Puerto Rico para ajustarse al cambio de «estado libre asociado» a estado de la Unión?

....

....

9. ¿Por qué se paralizaron las inversiones?

....

....

10. ¿Cuál fue el resultado de la eliminación del programa CETA?

....

....

11. ¿Qué ventajas da el programa del presidente Reagan a los otros países del Caribe?

....

....

12. ¿Qué consecuencias tuvo para Puerto Rico el corte de los programas federales de la administración de Reagan?

....

....

TERCER PASO: Aplicación

Traduzca el siguiente informe sobre Puerto Rico.

Since 1955 manufacturing has surpassed agriculture as the major generator of income, and the gap continues to widen. Sugar, once the principal agricultural product, now accounts for a relatively small part of the value of agricultural output. Tobacco and coffee also account for small percentages of the agricultural production. Today, meat, poultry and milk products constitute a major source of agricultural income. The largest industrial sectors are petroleum products, petrochemicals, plastics, pharmaceuticals, textiles and apparel, electric and electronic equipment, processed foods, metal, and leather. The huge refinery constructed on the southwest coast is the most important industrial complex of the country.

....

....

....

....

....

....

....

....

....

....

....

....

....

....

....

Aspectos legales

Lección 5

1. El mundo de los negocios en los países hispanos: aspectos legales

2. Los contratos

3. La legislación sobre el trabajo en México

1 El mundo de los negocios en los países hispanos: aspectos legales

Si usted hace negocios con empresas o personas residentes en el extranjero, acuérdese de que los demás países tienen leyes y sistemas judiciales distintos de los nuestros.

En general, las transacciones mercantiles se rigen por las leyes del país en que se llevan a cabo, y los conflictos que surgen por el incumplimiento de los contratos o convenios se resuelven por los jueces y tribunales de justicia locales. Tanto en España como en América Latina las leyes están compiladas en códigos. Las disposiciones legales, que más nos interesan en los negocios, son las de los Códigos Civil, Mercantil, Penal y Laboral, y la Ley General Tributaria.

Busque usted el Código Civil si quiere averiguar todo lo referente a los contratos y obligaciones y a las sucesiones y herencias. Consulte el Código Mercantil para saber las disposiciones que regulan el comercio, tanto nacional como extranjero. Además, recuerde que el Código Mercantil establece los distintos tipos de sociedades mercantiles que pueden existir y regula su organización, funcionamiento, y liquidación. También aparece en este código todo lo referente a la quiebra de los negocios individuales y de las empresas o sociedades mercantiles.

A los negociantes honrados les interesan más los Códigos Civil y Mercantil que el Código Penal, pero el Código Penal contiene disposiciones que deben interesar muchísimo a los comerciantes poco escrupulosos que tratan de evadir al fisco, hacen comercio de contrabando, o trafican con drogas.

Por otra parte, la Ley General Tributaria relaciona los impuestos y subvenciones para personas físicas y jurídicas y las tarifas arancelarias de importación y ayuda a la exportación.

Las relaciones laborales, la seguridad e higiene, la seguridad social, y en general, todos los aspectos relativos al contrato de trabajo aparecen en el Código Laboral, conocido también como Ley General del Trabajo.

VOCABULARIO

ADJETIVOS

compilado(a) compiled
escrupuloso(a) scrupulous
honrado(a) honest
laboral labor
mercantil commercial, mercantile
referente relating

NOMBRES

la **bancarrota** bankruptcy
el **código** code, statute
el **código civil** civil laws
el **código laboral** labor laws
el **código mercantil** commercial laws
el **código penal** penal code

el **contrabando** contraband, smuggling
el **convenio** agreement
la **disposición legal** legal provision
el **funcionamiento** operation
la **herencia** inheritance
el **juez** judge
la **justicia** justice
la **ley general tributaria** tax laws
la **seguridad social** social security
la **sociedad mercantil** commercial corporation
la **subvención** subsidy
el **tribunal** court

OTRAS PALABRAS Y FRASES
evadir al fisco   to evade taxation
incumplimiento de un contrato   breach of
   contract
llevar a cabo   to conduct
persona física   individual

persona jurídica   corporation, legal entity

VERBOS
averiguar   to find out
regirse   to be ruled
traficar   to traffic, to deal

PRIMER PASO: Comprensión

Conteste las siguientes preguntas con el número asignado al Código correspondiente en cada caso.

1. Código Civil   2. Código Mercantil   3. Código Penal   4. Código Laboral
5. Ley General Tributaria

¿Dónde podemos encontrar las disposiciones referentes...

a. a las tarifas arancelarias de   _____
   importación?

b. a los contratos y obligaciones?   _____

c. al contrato de trabajo?   _____

d. a la quiebra de los negocios?   _____

e. al tráfico de drogas?   _____

f. a la seguridad e higiene?   _____

g. a las sucesiones y herencias?   _____

h. a los impuestos y subvenciones?   _____

i. al comercio de contrabando?   _____

j. a los distintos tipos de sociedades _____
   mercantiles?

SEGUNDO PASO: Asimilación

Conteste las siguientes preguntas.

1. Si usted tiene negocios con empresas o personas residentes en el extranjero, ¿qué debe
   recordar?

   ....

   ....

2. ¿Por qué leyes se rigen las transacciones mercantiles?

   ....

   ....

3. ¿Quiénes resuelven los conflictos que surgen por el incumplimiento de contratos?

   ....

   ....

4. ¿Cuáles son las disposiciones legales que más nos interesan a los hombres y mujeres de
   negocios?

   ....

   ....

5. En España y América Latina, ¿dónde están compiladas las leyes?

   ....

   ....

6. ¿En qué código podemos encontrar las disposiciones que regulan el comercio tanto nacional como extranjero?

   ....

   ....

7. ¿En qué código están las disposiciones que deben interesar a los comerciantes poco escrupulosos?

   ....

   ....

8. ¿Qué otro nombre se da al Código Laboral?

   ....

   ....

REPASO DE ALGUNAS ESTRUCTURAS GRAMATICALES

A. **Escriba de nuevo la siguiente oración comenzándola con cada uno de los sujetos indicados. Haga los demás cambios necesarios.**

   Yo nunca me acuerdo de que los demás países tienen leyes distintas de las nuestras.

   Tú ....

   ....

   Usted ....

   ....

   Enrique ....

   ....

   María y yo ....

   ....

   Vosotros ....

   ....

   María y Rosa ....

   ....

B. El imperativo

I. Usted es dueño de un negocio. Pida u ordene al administrador:

1. Hacer negocios con el extranjero.

   ....

   ....

2. Recordar que los demás países tienen leyes distintas.

   ....

   ....

3. Averiguar las disposiciones que regulan el comercio extranjero.

   ....

   ....

4. No evadir al fisco ni hacer comercio de contrabando.

   ....

   ....

II. Usted es el administrador de un negocio. Pida u ordene a los empleados:

1. Cumplir las medidas de seguridad e higiene.

   ....

   ....

2. Estudiar todos los aspectos relativos al contrato de trabajo.

   ....

   ....

3. Mantener buenas relaciones entre ellos.

   ....

   ....

4. No establecer una organización laboral.

   ....

   ....

2 *Los contratos*

Un contrato es un documento que sirve como prueba o constancia escrita de un acuerdo entre dos o más partes. Mediante el acuerdo, las partes se comprometen a cumplir obligaciones recíprocas. Las partes pueden ser personas naturales o jurídicas. Las personas naturales o personas físicas son los individuos como usted y yo. Las personas jurídicas son las empresas industriales, las sociedades mercantiles y las corporaciones no lucrativas.

En general, en un contrato podemos distinguir cuatro secciones: encabezamiento, estipulaciones, cláusula penal, y lugar en que se celebra el contrato, fecha y firmas.

En el encabezamiento aparecen los datos que identifican a los contratantes o partes.

Las estipulaciones son los acuerdos entre las partes; esto es, el objeto del contrato y los derechos y obligaciones de los contratantes.

La cláusula penal establece la indemnización que debe recibir una parte por el incumplimiento o la demora de la otra parte en cumplir sus obligaciones.

Los contratos pueden ser públicos o privados. Los contratos públicos son los firmados ante un notario público[1], y es más fácil probar su validez legal.

En caso de contratos entre personas naturales o jurídicas de distintos países generalmente se estipula en cual de los dos países se deben hacer las reclamaciones legales por incumplimiento del contrato.

Todavía en algunos países de América Latina, la mujer necesita autorización del marido tanto para firmar contratos como para negociar por cuenta propia.

Nunca firme un contrato sin leerlo bien. Si tiene dificultades con el idioma, pida al notario que redacte el contrato en ambos idiomas.

VOCABULARIO

ADJETIVOS

casado(a) married
lucrativo(a) profitable
recíproco(a) reciprocal, mutual

NOMBRES

el **acuerdo** agreement
la **cláusula** clause
la **constancia** evidence
la **demora** delay
el **encabezamiento** heading
la **estipulación** stipulation, proviso
el **idioma** language
el **incumplimiento** non-fulfillment

la **indemnización** indemnification, compensation
el **marido** husband
el **notario público** notary public
la **obligación** obligation, duty
las **partes** contracting parties
la **prueba** proof
la **reclamación** claim
la **validez** validity

OTRAS PALABRAS Y FRASES

corporaciones no lucrativas non-profit organizations

---

[1]En España y en América Latina solamente los abogados pueden ser notarios.

mediante by means of
persona natural individual

VERBOS
celebrar to conclude

contratar to sign a contract, to hire
distinguir to distinguish, to recognize
estipular to stipulate
probar to prove
redactar to write, to draft

Modelo de contrato

CONTRATO DE ARRENDAMIENTO

De una parte el Sr. José Zamora Sosa, propietario del Edificio Zamora, situado en Alcalá número 125, en la ciudad de Panamá, y de la otra parte el Sr. Evelio López Hernández, como arrendatario, convienen en:

1. El propietario alquila al arrendatario el local número 101 del edificio antes mencionado.
2. El arrendatario debe pagar un alquiler de cuatrocientos dólares mensuales ($400.00) por el local mencionado.
3. El arrendatario debe pagar los alquileres por adelantado y entregar el alquiler de un mes en depósito.
4. El arrendatario debe usar el local para oficina.
5. El presente contrato es válido por cinco años a partir de la fecha de su firma.

Y, para constancia, el arrendatario y el propietario firman el presente contrato en Panamá, a 4 de noviembre de 1987.

_____   _____
Propietario   Arrendatario

PRIMER PASO: Comprensión

Combine los elementos de la primera columna con los de la segunda.

1. Datos que identifican a los contratantes o partes.   _____   a. Contrato.

2. Estipula la indemnización que debe recibir una parte por el incumplimiento o demora de la otra parte en cumplir obligaciones.   _____   b. Personas naturales.

3. Un documento que sirve como prueba o constancia escrita de un acuerdo.   _____   c. Personas jurídicas.

4. Los acuerdos entre las partes, esto es, el objeto del contrato y los derechos y obligaciones de los contratantes. _____   d. Encabezamiento.

5. Las empresas industriales, las sociedades mercantiles y las corporaciones no lucrativas. _____   e. Estipulaciones.

6. Individuos como usted y como yo. _____   f. Cláusula penal.

SEGUNDO PASO: Asimilación

Conteste las siguientes preguntas.

1. ¿Qué es un contrato?

   ....

   ....

2. ¿Qué es una persona natural?

   ....

   ....

3. ¿Qué es una persona jurídica?

   ....

   ....

4. ¿Cómo pueden ser los contratos?

   ....

   ....

5. ¿Cuáles son los contratos públicos?

   ....

   ....

6. ¿Cuál es la ventaja de los contratos públicos?

   ....

   ....

7. ¿Qué puede usted hacer si tiene dificultades con el idioma de un contrato?

   ....

   ....

   ....

   ....

8. Si los contratantes son de distintos países, ¿en cuál de ellos se deben hacer las reclamaciones legales por incumplimiento de contrato?

....

....

....

....

....

9. ¿En qué parte del contrato debemos buscar el país en que se deben hacer las reclamaciones legales?

....

....

....

....

....

10. ¿Qué debe usted hacer antes de firmar un contrato?

....

....

....

....

11. En algunos países de América Latina, ¿qué necesita la mujer para poder contratar?

....

....

....

12. ¿Quiénes pueden ser notarios públicos en España y en América Latina?

....

....

....

....

....

TERCER PASO: Aplicación

Usted es traductor(a) profesional.

1. Traduzca al inglés el siguiente contrato.

Contrato de compra-venta

De una parte el vendedor, Sr. Alberto Fernández, mayor de edad,[1] casado, con domicilio en Barricutos #76, y de la otra parte la Sra. Carmen Bernal, mayor de edad, divorciada, con domicilio en Sucre #356, ambos de esta ciudad, acuerdan lo siguiente:

    1. El vendedor entrega en venta a la compradora un piano marca Steinway.

    2. La compradora entrega al vendedor la suma de dos mil quinientos dólares ($2.500) como pago del piano.

    Y para constancia, los contratantes firman el presente documento en La Paz, a quince de julio de 1985.

_____

Vendedor   Comprador

....

....

....

....

....

....

....

....

....

....

....

....

....

....

....

....

---

[1] of legal age

2. Traduzca al español.

The Rockson Bank

LOAN

This is the contract for your loan from The Rockson Bank. If you agree to its terms, sign in the space provided.

I promise to pay The Rockson Bank at its Salt Lake City office the amount of $2,410.00 plus interest (finance charge) from the date the loan is made on the unpaid balance of the amount financed at the annual percentage rate of 12.25% shown below.

I will pay the bank in 36 equal monthly installments of $80.53 each, beginning October 5, 1984, and continuing on the same day of each month and will pay a final installment of $73.27 (estimated) on September 5, 1987.

Loan Detail (What you will pay)

1. Amount You Borrowed $2,410.00
2. Annual Percentage Rate   12.25%
3. Interest (Estimated) $489.04
4. Total of Payments (Estimated) $2,899.04

I have received and read a copy of this contract prior to signing it. I agree to its terms.

_____   _____   _____

Date   Borrower   Address

....

....

....

....

....

....

....

....

....

....

....

....

....

3 La legislación sobre el trabajo en México

Si usted piensa poner un negocio en México, tenga en cuenta el artículo Constitucional 123. Las disposiciones que contiene el artículo 123 son aplicables a los obreros, jornaleros, empleados, y artesanos; es decir, a todas las personas que prestan sus servicios por virtud de un contrato de trabajo.

El mismo artículo establece la duración de la jornada máxima de acuerdo con el tipo de trabajo y el salario mínimo que debe disfrutar el trabajador; protege el salario del trabajador de toda clase de descuentos por adeudos; dispone que el salario debe ser pagado en efectivo y no permite hacer el pago con mercancías, vales o cualquier otro signo en sustitución de la moneda y obliga a los negocios agrícolas, industriales y mineros, a proporcionar habitaciones cómodas e higiénicas a los trabajadores, mediante el pago de rentas reducidas, y a la instalación de escuelas, enfermerías y otros servicios sociales.

Una de las secciones más importantes del artículo 123 es la que considera a los empresarios como responsables tanto de los accidentes de trabajo como de las enfermedades de los trabajadores motivadas por el desempeño de su profesión u oficio.

El propio artículo 123 concede a los trabajadores el derecho a asociarse en sindicatos y asociaciones profesionales para la defensa de sus intereses. También dispone que las diferencias o conflictos entre los trabajadores y los patronos se deben someter a la decisión de una junta de conciliación y arbitraje, formada por representantes de los obreros, de los patronos y del gobierno. Además, concede a los trabajadores y a los patronos el derecho de huelga y el de paro, respectivamente.

Diego G. López Rosario
Problemas Económicos de México (México)
(Adaptado)

VOCABULARIO

ADJETIVOS

agrícola farming
higiénico(a) sanitary
minero(a) mining
motivado(a) caused
pagado(a) paid

NOMBRES

el **adeudo** debit, indebtedness
el **arbitraje** arbitration
el **artesano** craftsman
la **conciliación** settlement, reconciliation
el **desempeño** discharge, performance
la **huelga** strike
la **jornada** hours of work, shift

el **jornalero** laborer
la **junta** board, committee
el **paro** work stoppage
el **patrono** employer
el **representante** representative, agent
el **vale** voucher

OTRAS PALABRAS Y FRASES

en efectivo in cash
formada por made up of
por virtud de in virtue of
prestar servicios to furnish services, to work
tener en cuenta to take into account

VERBOS

conceder to grant
disfrutar to have the benefit of

proteger to protect
someterse a to submit to

PRIMER PASO: Comprensión

¿**Verdadero o Falso?**

Escriba una *V* o una *F*, según corresponda.

1. Si usted va a poner un negocio en México, debe tener en cuenta las disposiciones del artículo constitucional 123. _____

2. El salario de los obreros mexicanos puede pagarse con mercancías, vales, o cualquier otro signo en sustitución de la moneda. _____

3. Los negocios agrícolas tienen obligación de proporcionar habitaciones a los trabajadores. _____

4. El artículo constitucional 123 establece la duración de la jornada máxima de acuerdo al tipo de trabajo. _____

5. En los salarios de los obreros mexicanos se pueden hacer descuentos por adeudos. _____

6. Los obreros mexicanos tienen que pagar altas rentas por las habitaciones que les proporcionan los negocios agrícolas, industriales o mineros. _____

7. En México los empresarios son responsables de los accidentes de trabajo y de las enfermedades motivadas por el desempeño de una profesión u oficio. _____

8. Los trabajadores mexicanos no tienen derecho a asociarse en sindicatos y asociaciones profesionales. _____

SEGUNDO PASO: Asimilación

Conteste las siguientes preguntas.

1. ¿A quiénes son aplicables las disposiciones del artículo constitucional 123?

   ....

   ....

2. ¿Cuáles son las obligaciones de los negocios agrícolas, industriales y mineros?

   ....

   ....

3. ¿Qué negocios están obligados a instalar escuelas, enfermerías y otros servicios para sus trabajadores?

   ....

   ....

4. ¿Cuál es una de las secciones más importantes del artículo constitucional 123?

   ....

   ....

5. ¿Cómo se resuelven las diferencias o conflictos entre los trabajadores y patronos?

   ....

   ....

6. ¿Quiénes forman las juntas de conciliación y arbitraje?

   ....

   ....

   ....

7. ¿Quiénes tienen derecho de huelga?

   ....

   ....

8. ¿Quiénes tienen derecho de paro?

   ....

   ....

TERCER PASO: Aplicación

Prepare un informe que compare los aspectos legales del mundo de los negocios en países hispanos y en los E.E.U.U.; esté dispuesto a debatir o presentar su informe en clase. Considere los siguientes puntos:

1. Forma en que las leyes se compilan en los E.E.U.U.[1] y en los países hispanos.

2. ¿En los E.E.U.U. existen equivalentes de los Códigos Civil, Laboral, etc.? Compare los códigos con *The Constitution* y *The Bill of Rights* y con las distintas leyes (*bills*) aprobados por las Cámaras Legislativas (*State and Federal Legislatures*).

3. En su opinión, ¿el sistema legal de los países hispanos facilita el funcionamiento de los negocios o lo dificulta? ¿Por qué?

4. ¿Es más fácil ser abogado en los países hispanos que en los E.E.U.U.? ¿Por qué?

5. Fíjese en los detalles que incluye la legislación sobre el trabajo en México. ¿Cree Ud. que es mejor incluir todos esos detalles en los códigos o que sería mejor que las leyes fuesen más generales?

6. ¿Cree Ud. que en los E.E.U.U., las personas tienen todos los derechos o que las leyes limitan el uso de esos derechos? ¿Le parece que los Códigos dan derechos a las personas o limitan los derechos de las personas?

---

[1]**E.E.U.U.:** abreviatura de Estados Unidos en español.

El transporte y la aduana

Lección **6**

1. El transporte de mercancías: marítimo y aéreo
2. El transporte terrestre
3. El transporte de pasajeros y la aduana

1 El transporte de mercancías: marítimo y aéreo

El transporte de mercancías entre los Estados Unidos y los países de habla española se lleva a cabo, fundamentalmente, a través de rutas y empresas marítimas y aéreas. Sin embargo, en el caso de México, por ser un país fronterizo, se utiliza grandemente tanto el transporte por carretera como por ferrocarril.

La flota mercante más grande de América Latina, y una de las más grandes de todo el mundo, es la de Panamá. La flota mercante panameña ocupa el cuarto lugar mundial por el número de sus buques y el sexto si atendemos al total de toneladas de registro bruto. Sin embargo, lo único panameño que tiene la mayoría de estos barcos es la bandera, pues muchas empresas navieras han abanderado sus buques en Panamá para aprovecharse de las grandes facilidades que el país les ofrece. Algunos de estos barcos se han abanderado en el país porque no llenan los requisitos exigidos en sus países de origen, y otros para pagar menores salarios a sus tripulaciones.

Actualmente Panamá tiene una flota mercante de más de 3.000 buques, entre cargueros, graneleros y tanques, con una capacidad de carga de unos 35 millones de toneladas gruesas, y un peso muerto de cerca de 60 millones de toneladas largas. (Una tonelada gruesa es una medida de volumen equivalente a 100 pies cúbicos de espacio cerrado, y una tonelada larga es una medida de peso equivalente a 2.240 libras).

Los otros países de América Latina con flotas importantes son la Argentina, con unos 200 barcos, y México, con unos 80. España, que ocupó el sexto lugar mundial por la producción de barcos en sus astilleros en la década pasada, cuenta con una flota de más de 500 barcos. Ocupa el décimo-primer lugar mundial por el número de sus buques y el décimotercero por el total de toneladas de registro bruto.

Hace varias décadas, debido a los altos costos de la carga y descarga y para librarse de los frecuentes trastornos por las huelgas de los estibadores, los países industrializados se decidieron a mecanizar sus instalaciones portuarias, y esto los llevó a la utilización de barcos contenedores. Eso creó graves problemas a los países del Tercer Mundo. De pronto, muchos países encontraron que sus puertos habían quedado fuera del itinerario de las grandes rutas marítimas y tuvieron que hacer grandes inversiones para mecanizarlos, aun cuando la mecanización hacía obsoletos sus propios barcos y dejaba sin trabajo a miles de obreros portuarios.

Hasta hace pocos años, el transporte aéreo de mercancías se había limitado a la carga de mercancías altamente perecederas, pero últimamente se emplea comúnmente para acelerar la entrega de bultos y paquetes de todo tipo. Uno de sus usos más generalizados es el transporte de correspondencia. Hoy se transporta en aviones buena parte de la carga de mariscos, pescados, carnes, huevos, vegetales frescos, frutas y flores que forman parte de nuestro intercambio comercial con la América Latina.

VOCABULARIO

ADJETIVOS

aéreo(a) air
comercial commercial
décimotercero(a) thirteenth
fresco(a) fresh
generalizado(a) generalized
mercante merchant
naviero(a) shipping
perecedero(a) perishable
portuario(a) harbor

NOMBRES

la **bandera** flag
el **bulto** bundle
la **carga** cargo, loading
el **carguero** freighter
la **correspondencia** correspondence
el **coste(o)** cost
la **descarga** unloading
el **espacio** space
el **estibador** stevedore
el **granelero** grain bulk carrier
la **instalación** installation
el **itinerario** itinerary, route

la **mecanización** mechanization
la **mercancía** merchandise, goods
el **peso** weight
el **peso muerto** dead weight
el **pie cúbico** cubic foot
la **ruta** route
el **tanque** tanker
el **trastorno** disturbance
la **tripulación** crew
el **volumen** volume

OTRAS PALABRAS Y FRASES

de habla española Spanish speaking
fuera outside
registro bruto gross weight

VERBOS

abanderar to register
acelerar to accelerate
atender pay attention to, to assist
librarse de to escape from
llevar(se) a cabo to be conducted
mecanizar to mechanize

PRIMER PASO: Comprensión

Identifique de *qué* o de *quién* hablamos.

a. una tonelada gruesa
b. España
c. Panamá
d. México
e. la bondera
f. el transporte aéreo
g. una tonelada larga
h. los estibadores

1. Tiene la flota mercante más grande de América Latina. _____

2. Es lo único panameño que tiene la mayoría de los barcos de la flota panameña. _____

3. Es una medida de volumen equivalente a 100 pies cúbicos de espacio cerrado. _____

4. Es una medida de peso equivalente a 2240 libras. _____

5. Ocupó el sexto lugar mundial por la producción de barcos en sus astilleros. _____

6. Debido a sus huelgas frecuentes, los países industrializados se decidieron a mecanizar sus instalaciones portuarias. _____

7. Se había limitado a la carga de mercancías altamente perecederas. _____

8. En el transporte de mercancías con este país se utilizan grandemente el transporte por carretera y por ferrocarril. _____

SEGUNDO PASO: Asimilación

Conteste las siguientes preguntas.

1. ¿Qué medio de transporte es el más utilizado en el transporte de mercancías entre los Estados Unidos y la mayor parte de los países de habla española?

   ....

   ....

2. ¿Por qué México es la excepción a esta regla?

   ....

   ....

3. ¿Qué lugar ocupa la flota mercante panameña entre las flotas mercantes del mundo?

   ....

   ....

4. ¿Por qué muchas empresas navieras han abanderado sus barcos en Panamá?

   ....

   ....

5. ¿Qué tipos de barcos mencionamos en esta lección?

   ....

   ....

6. ¿Qué otros países de América Latina tienen flotas mercantes importantes?

   ....

   ....

7. ¿Qué tipos de barcos se construyeron como consecuencia de la mecanización de las instalaciones portuarias?

   ....

   ....

8. ¿Qué consecuencias tuvo para los países del Tercer Mundo el uso de barcos contenedores por las grandes flotas mercantes?

   ....

   ....

9. ¿Cuál ha sido tradicionalmente un renglón importante de la carga aérea?

   ....

   ....

10. ¿Qué se transporta actualmente utilizando el transporte aéreo?

....

....

REPASO DE ALGUNAS ESTRUCTURAS GRAMATICALES

A. El pretérito perfecto y el pretérito pluscuamperfecto

Escriba de nuevo las siguientes oraciones comenzándolas en la forma indicada. Haga los demás cambios necesarios.

1. Algunos países de América Latina no mecanizaron sus instalaciones portuarias.

    Hasta ahora..

    Hasta 1980 ....

2. España construyó 600 barcos en sus astilleros.

    Desde 1960 hasta la fecha ....

    Hasta el año pasado...

3. En la década de los 50, muchos países abanderaron sus barcos en Panamá.

    A partir de la década de los 50 ....

    Antes de la década de los 50 ....

4. En ese año la carga aérea se limitó al transporte de la correspondencia.

    Hasta nuestros días, esa compañía ....

    Hasta hace pocos años, esa compañía ....

B. El infinitivo

Complete las respuestas a las siguientes preguntas.

1. –¿Por qué algunos países no mecanizaron sus instalaciones portuarias?

    –Porque .... las instalaciones portuarias cuesta mucho.

2. –¿Por qué los países industrializados mecanizaron sus puertos?

    –Porque querían .... los costos de la carga y descarga.

3. –¿Para qué se utiliza principalmente el transporte aéreo?

    –Para .... mercancías altamente perecederas.

4. –¿México tiene unos 60 barcos?

    –Sí, sin .... los tanques petroleros.

2 El transporte terrestre

Tradicionalmente, la falta de una red adecuada de transporte terrestre ha sido una de las causas que ha dificultado la exportación de productos agrícolas y minerales de muchas regiones de América Latina. La red ferroviaria de Latinoamérica es de unos 150.000 kilómetros (unas 94.000 millas). Los países con más ferrocarriles son Argentina, Brasil y México.

Ayudada por sus amplias llanuras, la Argentina es el país con la mayor red ferroviaria: unos 45.000 kilómetros (28.000 millas) de vías férreas que irradian hacia todo el país partiendo de sus principales puertos: Buenos Aires, Rosario y Bahía Blanca. Sin embargo, Brasil, con sólo 37.000 kilómetros (23.000 millas) de vías férreas, principalmente en el sudeste del país, tiene mayor movimiento de carga y pasajeros que la Argentina.

México cuenta con unos 26.000 kilometros (15.000 millas) de vías férreas. El país había desarrollado sus ferrocarriles en los tiempos de Porfirio Díaz con vistas al comercio con los Estados Unidos, pero los sucesivos gobiernos desalentaron la construcción y aun el mantenimiento de los ferrocarriles hacia los Estados Unidos, sobre todo, después de la toma de Veracruz por los EE.UU. en 1914, y de las expediciones del general Pershing en el 17. No obstante, en los 60 se terminó la vía que va de Chihuahua, en la frontera de Texas, al Océano Pacífico, obra financiada por el Banco Mundial.

En la misma década de los 60, y también con el financiamiento del Banco Mundial, se construyó en Colombia el ferrocarril de Santa Marta a Bogotá, notable obra de ingeniería por sus altos puentes sobre los Andes. Los únicos otros países de Latinoamérica en que el ferrocarril tiene importancia son Chile y Cuba. España tiene más de 13.000 kilómetros de vías ferreas y casi la mitad de sus ferrocarriles son eléctricos.

Brasil es el único país de América del Sur que basa su sistema de transporte interno en las grandes autopistas construidas, sobre todo, a partir de la construcción de Brasilia, su nueva capital en el interior del país. De Brasilia parten nueve grandes autopistas hacia todo el país; las más largas van a Belén, en la costa norte, y a Porto Alegre, en el sur.

También México construyó grandes autopistas en las dos décadas anteriores; entre ellas, la que va de Monterrey, centro de la industria pesada, a la capital; y las que van de la capital a Acapulco, Veracruz, Mazatlán, Tijuana, etc. México cuenta con más de 80.000 kilómetros de carreteras pavimentadas.

Entre las carreteras internacionales, las más importantes son la Carretera Interamericana que va de Estados Unidos a Panamá, a través de México y Centroamérica (terminada excepto por pequeños tramos), y la Carretera Panamericana que une los países Andinos de América del Sur. España cuenta con magníficas autopistas que la unen con el resto de Europa.

VOCABULARIO

ADJETIVOS

construido(a)   constructed, built
ferroviario(a)   railway
financiado(a)   financed
pavimentado(a)   paved
terrestre   ground, land

NOMBRES

la **expedición**   expedition
la **falta**   lack
la **ingeniería**   engineering
la **llanura**   plain
el **mantenimiento**   maintenance
el **movimiento**   movement, transfer
el **pasajero**   passenger
el **puente**   bridge

la **red**   network
el **sudeste**   southeast
la **toma**   capture, taking of
el **tramo**   section, portion
la **vía**   route
la **vía férrea**   rail

OTRAS PALABRAS Y FRASES

sobre   over, about

VERBOS

desalentar   to discourage
dificultar   to obstruct
irradiar   to radiate
partir de   to start from

PRIMER PASO: Comprensión

Seleccione la palabra o frase que mejor completa las siguientes oraciones.

1. Los países de América Latina con más ferrocarriles son
   a) Buenos Aires, Rosario y Bahía Blanca   b) Panamá, Venezuela y Colombia
   c) Argentina, Brasil y México

2. El Banco Mundial financió el ferrocarril de
   a) Chihuahua al Océano Pacífico   b) Veracruz a México   c) Rosario a Bahía Blanca

3. Casi la mitad de los ferrocarriles de España son
   a) obsoletos   b) eléctricos   c) de pasajeros

4. Brasil basa su sistema de transporte interno en sus
   a) vías férreas   b) amplias llanuras   c) grandes autopistas

5. La Carretera Interamericana va de
   a) Estados Unidos a Panamá   b) Estados Unidos a México   c) Brasil a la Argentina

6. Los gobiernos mexicanos desalentaron la construcción de ferrocarriles hacia los Estados Unidos después de
   a) los años 60   b) la construcción de la Carretera Interamericana
   c) la toma de Veracruz por los Estados Unidos.

SEGUNDO PASO: Asimilación

Conteste las siguientes preguntas.

1. ¿Cuál ha sido una de las causas que ha dificultado la exportación de productos agrícolas y minerales de América Latina?

   ....

   ....

2. ¿Cuál es el país de América Latina con la mayor red ferroviaria?

   ....

   ....

3. ¿Cuándo desarrolló México sus ferrocarriles con vistas al comercio con los Estados Unidos?

   ....

   ....

4. ¿Que vía férrea se construyó en México en los años 60?

   ....

   ....

5. ¿Qué empresa financió el ferrocarril de Santa Marta a Bogotá?

   ....

   ....

6. ¿Por qué el ferrocarril de Santa Marta a Bogotá es una obra notable?

   ....

   ....

7. ¿Dónde está Brasilia?

   ....

   ....

8. ¿Cómo se comunica Brasilia con el resto del país?

   ....

   ....

9. ¿Cuál es el centro de la industria pesada de México?

   ....

   ....

10. ¿Cuáles son las principales carreteras internacionales de América?

   ....

   ....

TERCER PASO: Aplicación

A. Traduzca al inglés.

México es uno de los países de América Latina que cuenta con una buena red de transporte terrestre: más de 210.000 kilómetros (unas 130,000 millas) de autopistas y carreteras, y cerca de 26.000 kilómetros (unas 16,000 millas) de vías férreas.

Las principales carreteras unen a Ciudad México, la capital del país, con otras ciudades importantes, con centros turísticos, o con la frontera con los Estados Unidos. Entre estas últimas se encuentran la Carretera Panamericana y la Carretera Central que son vías muy importantes para el comercio entre los dos países.

El sistema ferroviario también tiene su centro en Ciudad México, y está basado en tres líneas principales que van hacia el norte, y una que va hacia el sur.

....

....

....

....

....

....

....

....

....

....

....

....

....

....

....

....

....

....

....

B. Traduzca al español.

Although they furnish an economical and fuel-efficient mode of land transport, all railroads today face serious financial problems. A gallon of diesel fuel hauls about four times as many ton-miles by rail as by truck, but it is difficult for the industry to attract new capital, because the rail industry requires a very large investment to produce modest annual revenues. Today the only substantial rail mileage still privately owned is in the United States and Canada. Nevertheless, even in decline, railroads still have much to offer industrial nations that have a concern about their environment and their use of energy resources.

....

....

....

....

....

....

....

....

....

....

....

....

....

....

....

....

....

....

....

....

....

....

3 *El transporte de pasajeros y la aduana*

El transporte de pasajeros entre los países de habla española y los Estados Unidos se lleva a cabo, principalmente, a través de empresas de transporte aéreo. México es la excepción, pues aunque las empresas aéreas transportan millones de pasajeros al año, son más los que cruzan la frontera por tierra, tanto en medios de transporte público (trenes y autobuses), como en automóviles privados y aun a pie.

Desde hace varias décadas el transporte marítimo de pasajeros se ha limitado a los cruceros que visitan brevemente los puertos, principalmente los del Caribe y del Pacífico.

Varias grandes aerolíneas de Estados Unidos incluyen a la América Latina y a España en sus itinerarios. Además, casi todos los países de América Latina tienen aerolíneas internacionales que hacen viajes regulares a los Estados Unidos. España tiene una gran compañía aérea nacional, Iberia, que hace escalas regulares en varios aeropuertos de Estados Unidos.

Además de las líneas internacionales, casi todos los países tienen varias empresas dedicadas al transporte interno de pasajeros. México cuenta con más de 70 aerolíneas locales que transportan más de diez millones de pasajeros al año. Colombia, debido a lo montañoso del país, que dificulta la construcción de carreteras y ferrocarriles, ha dado gran importancia al transporte aéreo local. Para 1984 había construido 176 aeropuertos importantes, seis de ellos internacionales.

Cuando hablamos de transporte aéreo internacional, pensamos en seguida en la aduana. En realidad, la función primordial de las aduanas se relaciona más con el transporte de carga que con el de pasajeros.

Las aduanas son organismos establecidos para inspeccionar y autorizar o no la entrada de mercancías extranjeras en el país. Además, son las encargadas de aforar dichas mercancías, y de cobrar los impuestos fijados a la importación de aquellas que deban pagarlos de acuerdo a las tarifas establecidas. A estos impuestos se les llama derechos de aduana. Si las mercancías no pagan impuestos de entrada, se dice que estan libres o exentas de derechos. Estados Unidos ha extendido a España y a la América Latina los beneficios de la llamada cláusula de país más favorecido. Esto quiere decir que sus productos pagan los mismos derechos de aduana que el país que menos paga.

Los funcionarios que revisan las mercancías en las aduanas se llaman inspectores de aduana; los que aforan las mercancías son los peritos de aduana; y las personas que se dedican a tramitar la entrada de mercancías por las aduanas son los corredores de aduana.

NOTA CULTURAL

El impuesto de aduanas parece haber existido en la India. Se sabe que existió en Grecia (Atenas cobraba el 2% del valor de las mercancías), y se desarrolló en Roma en tiempo de los emperadores. En España, las primeras aduanas las establecieron los árabes.

VOCABULARIO

ADJETIVOS

dedicado(a) devoted
encargado(a) de entrusted to
exento(a) exempt, free from
favorecido(a) favored
montañoso(a) mountainous
primordial basic, essential

NOMBRES

la **aerolínea** airline
el **autobús** bus
el **corredor** agent, broker
el **crucero** cruise ship, cruise
la **función** function

el **funcionario** official
el **perito** expert

OTRAS PALABRAS Y FRASES

brevemente briefly

VERBOS

aforar to appraise
autorizar to approve
cruzar to cross
hacer escala en to stop at
inspeccionar to inspect
tramitar to transact, to handle

PRIMER PASO: Comprensión

¿Verdadero o Falso?

Escriba una *V* o una *F*, según corresponda.

1. El transporte de pasajeros entre los Estados Unidos y México se lleva a cabo, principalmente, por ferrocarril. _____

2. Hoy día el transporte marítimo de pasajeros está limitado a los cruceros. _____

3. Los cruceros visitan brevemente los puertos de algunos países de América Latina. _____

4. Sólo unos pocos países de América Latina tienen aerolíneas internacionales. _____

5. Casi todos los países de América Latina tienen aerolíneas locales. _____

6. Colombia ha dado gran importancia al transporte aéreo local. _____

7. Lo montañoso del país (Colombia) facilita la construcción de carreteras. _____

8. La función primordial de las aduanas se relaciona con el transporte de pasajeros. _____

9. Los funcionarios que revisan las mercancías en las aduanas se llaman corredores de aduana. _____

10. Los peritos de aduana se encargan de aforar las mercancías y de cobrar los derechos de aduana. _____

SEGUNDO PASO: Asimilación

1. ¿Cuáles son los medios de transporte público en esta ciudad?

....

....

2. ¿Cuáles son los puertos de América Latina más visitados por los cruceros?

....

....

3. ¿Cómo se llama la compañía aérea nacional de España?

....

....

4. ¿Qué son las aduanas?

....

....

5. ¿Qué son los derechos de aduana?

....

....

6. ¿Cuándo se dice que una mercancía está exenta de derechos?

....

....

7. ¿Qué quiere decir que un país tiene los beneficios de la cláusula de país más favorecido?

....

....

8. ¿Qué hacen los inspectores de aduana?

....

....

9. ¿Quiénes aforan las mercancías?

....

....

10. ¿Qué hacen los corredores de aduana?

....

....

TERCER PASO: Aplicación

Un residente extranjero de habla hispana va a viajar al extranjero. Traduzca para él el siguiente informe.

United States residents must declare all articles that are acquired abroad and in their possession at the time of their return. Customs declaration forms are distributed on vessels and planes, and should be prepared in advance of arrival for presentation to the customs inspectors. If you fail to declare an article acquired abroad, not only is the article subject to seizure and forfeiture, but you may be liable to criminal prosecution. The wearing or use of an article acquired abroad does not exempt it from duty. U.S. residents returning after a stay abroad of at least 48 hours are usually granted customs exemptions of $400 each. The 48-hour absence requirement does not apply if you return from Mexico. If you have not exceeded the duty-free exemption allowed, you may make an oral declaration to the customs inspector. Nevertheless, a written declaration is necessary when over one liter of liquor, 200 cigarettes, or 100 cigars are included.

Lecturas suplementarias

1 La gran deuda

Tradicionalmente, los bancos comerciales han hecho préstamos tanto a los países como a las empresas privadas. Hasta hace poco tiempo, los préstamos se hacían, principalmente, a los gobiernos y empresas de los países más ricos, y sólo, en pequeña escala, a los países pobres y a sus empresas privadas. Sin embargo, a partir de los años 60, algunos países en vías de desarrollo empezaron a recibir grandes préstamos, no sólo para el financiamiento de programas de desarrollo económico, sino aun para el financiamiento de su balanza de pagos.° En general se trataba de países de ingresos medios, ya que generalmente los bancos comerciales sólo prestan a los países más pobres cuando sus préstamos están garantizados por instituciones o gobiernos extranjeros.   *balance of payment*

El dramático aumento de los precios del petróleo en la década de los 70 trajo consigo un enorme desbalance° entre el precio de los productos manufacturados de los países industrializados, y los precios de las materias primas y de los productos agrícolas de los países en vías de desarrollo. En consecuencia, los países en desarrollo fueron incapaces de pagar por las importaciones necesarias sin acudir a° los créditos internacionales. Para tratar de superar la situación, tomaron además grandes préstamos para tratar de industrializarse rápidamente, y para otros programas de desarrollo indispensables.   *imbalance*   *without turning to*

Al mismo tiempo, algunos países petroleros y las grandes compañías que trafican con el oro negro, despositaron enormes sumas de dinero en los bancos, y éstos tuvieron exceso de dinero para prestar y urgencia en hacer los préstamos. En consecuencia, no fueron muy cuidadosos al hacerlos. En el caso de los países petroleros (México, Venezuela y Ecuador), confiaron en° que los países iban a poder hacer frente a las deudas con sus enormes ingresos. En otros casos (Brasil, Argentina), estimaron que los programas de desarrollo industrial rendirían sus frutos, y les permitirían solventar° sus deudas. No tuvieron en cuenta la escasa o mala planificación de muchos de los programas de desarrollo, ni la corrupción de la mayor parte de los gobiernos e instituciones encargadas de manejar los fondos.°   *they counted on*   *to settle*   *funds*

Cuando el petróleo bajó y los programas de desarrollo no rindieron los frutos esperados, los países deudores descubrieron que no podían pagar sus deudas. Para evitar declararse en quiebra comenzaron a pedir prórrogas,° nuevos calendarios de pago,° y hasta nuevos préstamos para pagar, a veces, sólo los intereses vencidos. Los bancos tuvieron que acceder a° casi todo, pues de lo contrario tenían que declarar cuentas malas o incobrables que, a mediados de 1985, pasaban de los $360.000 millones, lo que significaba la quiebra para muchos de ellos y aun para el sistema financiero internacional.   *extensions*   *payment schedule*   *to agree to*

Ahora, mientras los bancos van acumulando reservas en previsión de la pérdida final de sus préstamos, los países deudores ven paralizados sus programas de desarrollo y limitada su capacidad de importacion de los recursos más necesarios, al tiempo que aumentan la miseria y la intranquilidad política de sus pueblos.

¿Qué sabe usted de la gran deuda de la América Latina?

1. ¿Para qué recibieron préstamos algunos países de América Latina a partir de 1960?

   ....

   ....

2. ¿Qué trajo consigo el dramático aumento de los precios del petróleo en la década de los 70?

   ....

   ....

3. ¿Qué hicieron los países en desarrollo para pagar sus importaciones?

   ....

   ....

4. ¿Qué países y empresas depositaron enormes sumas de dinero en los bancos en los años 70?

   ....

   ....

5. ¿Qué pasó cuando los bancos tuvieron exceso de dinero para prestar?

   ....

   ....

6. ¿Por qué muchos programas de desarrollo no tuvieron éxito?

   ....

   ....

7. ¿Cuándo los países descubrieron que no podían pagar sus deudas?

   ....

   ....

8. ¿Qué hicieron para evitar declararse en quiebra?

   ....

   ....

2 El turismo como negocio

El turismo representa para el turista diversión, entretenimiento°, descanso *entertainment*
y cultura. Para los países, puede ser una magnífica fuente de divisas y de
empleos. Entre los países que han hecho del turismo un gran negocio están
dos países de habla hispana: España y México. Uno y otro ofrecen al
turista extranjero la belleza extraordinaria de su suelo°, el sol y la arena de *land*
sus playas, la rica tradición de su historia, la variedad de sus culturas y lo
pintoresco de sus fiestas. Y ofrecen además, un cambio monetario que favo-
rece mucho al turista con moneda fuerte.

Sin embargo, cosas interesantes que ver y una moneda barata no bastan
para atraer al turista. El turista requiere servicios y atención: buenos
hoteles, buenos restaurantes, buen transporte, posibilidades de comunicación, un clima de seguridad° pública y, sobre todo, buen trato.° España lo *safety / treatment*
reúne todo, por eso recibe unos 40 millones de turistas al año que dejan en
el país mas de $8.000 millones. México reúne también casi todos los requisi-
tos; por eso el turismo es la mejor fuente de ingresos del país después del
petróleo. Ultimamente, la corriente turística° hacia algunas zonas del país *flow of tourists*
ha sido mayor que su capacidad hotelera instalada, pero el gobierno está
tratando de resolver rápidamente el problema facilitando la construcción de
nuevos hoteles, algunos de ellos de propiedad extranjera.

Además de generar divisas, el turismo requiere el establecimiento de
negocios directamente relacionados con el sector—hoteles, restaurantes,
agencias de pasajes, «touroperadoras», empresas de transporte, de alquiler
de autos, fábricas de artesanías° y de artículos típicos y de recuerdo, etc. *handcrafts*
—pero además, ayuda al auge de° otros negocios destinados a prestar *boom in*
servicios—peluquerías, barberías y comercios detallistas de todo tipo—y
hasta da trabajo a profesionales tales como médicos, dentistas, abogados,
corredores de aduana, etc. En todos estos negocios encuentran trabajo
miles de obreros y de empleados.

En el Caribe, Puerto Rico es otro ejemplo de país que promueve el
turismo y se beneficia de él. Unos tres millones de turistas visitan la isla
todos los años a pesar de que el país no cuenta con la variedad de cultura y
tradiciones que España o México. República Dominicana, a pesar de los
esfuerzos que está haciendo el gobierno para promover el turismo, todavía
no está recibiendo una corriente turística que produzca el impacto económico que el país tanto necesita.

En la América del Sur, Argentina, Chile y Uruguay, con buenas infraestructuras para el turismo, tampoco se benefician grandemente de la actividad. En su caso, el peor enemigo es la distancia, pues estos países se
encuentran alejados de° Estados Unidos, Canadá, Europa y Japón que son *far away from*
los países que generan mayor turismo. Venezuela y Colombia son los otros
dos países de América del Sur que más turistas reciben anualmente.

Hasta ahora no hemos hablado de Brasil, por no ser un país de habla
española, pero como lo hemos mencionado frecuentemente en relación con
otros aspectos de la economía, vamos a decir que a pesar de las grandes
atracciones del país, no recibe una corriente turística apreciable excepto en
los días de su mundialmente famoso carnaval.

Asesoria y Representacion

EN NEGOCIOS DE TURISMO

Asesoria en:

- **Actividades para Analisis y evaluacion en aspectos de Mercadotecnia**

- **Como incrementar sus Ventas**

- **Como mejorar su Personal**

- **Estudios Relacionados con la actividad comercial en negocios turisticos**

- **Inversiones en Negocios de Turismo**

Lic. **Macedonia Robledo**
M.B.A.

------- ABOGADOS -------

- **Asesoria Legal**
- **Asesoria Fiscal**
- **Asesoria en Inversion**
Financiera Nal. e Internacional

Ricardo Merino
y Rafael Solorzano

CALLE 2a. (BENITO JUAREZ No. 35)
DESP. 207 TIJUANA, B.C.   5-76

¿Qué sabe usted del turismo como negocio?

1. ¿Qué representa el turismo para algunos países?

   ....

   ....

2. ¿Qué países de habla hispana han hecho del turismo un gran negocio?

   ....

   ....

3. ¿Qué ofrecen España y México a los turistas?

   ....

   ....

4. ¿Qué quiere el turista además de cosas interesantes que ver y una moneda barata?

   ....

   ....

5. ¿Cuánto dejan los turistas anualmente en España?

   ....

   ....

6. ¿Qué lugar ocupa el turismo entre las fuentes de ingreso de divisas de México?

   ....

   ....

7. ¿Qué está haciendo el gobierno mexicano para aumentar la capacidad hotelera instalada?

   ....

   ....

8. ¿Qué otros negocios prosperan con el turismo?

   ....

   ....

9. ¿Por qué Argentina, Chile y Uruguay no se benefician grandemente con el turismo?

   ....

   ....

10. ¿Cuáles son los países que generan mayor turismo?

   ....

   ....

3 Los viajes de negocios

La mujer ejecutiva en viajes de negocios

Para la mujer ejecutiva, que cada día hace más viajes de negocios, son estos consejos:

1. Ya lista su reservación de vuelos y de hoteles, debe preparar su vestuario° de acuerdo con el clima y con el tipo de ciudad (o de ciudades) que va a visitar. Chequee° con guías de turismo u oficinas de información locales, el tipo de clima y la temperatura promedio° (de día y de noche), además del grado de formalidad en el vestir de la ciudad. Recuerde que muchas veces tendrá que estar en mítines° y reuniones de negocios desde la hora del desayuno hasta la hora de la cena, quizás sin tiempo para cambiarse de ropa y, en algunas ciudades, como en el caso de Ciudad México, el clima cambia notablemente a lo largo del día.

   También es importante saber qué grado de formalidad existe en vestir para evitar errores, y llegar a una reunión de negocios con un vestido demasiado elegante, o poco apropiado. Por ejemplo, no se le ocurra hacer negocios en un centro de veraneo° con un traje sastre,° pues estará completamente fuera de lugar.

2. Antes de partir consiga cartas de presentación para las personas que visitará, y mande a imprimir° sus tarjetas de visita en el idioma del país que va a visitar, además de en su propio idioma.

3. Averigüe° con las oficinas comerciales o de turismo, o en el consulado correspondiente, el horario de negocios, los días de fiesta y las temporadas de vacaciones en los países que va a visitar.

4. Viaje con su dinero en cheques de viajero. Deje una copia de la numeración° con alguien en la oficina, y lleve otra con usted. Lleve también tarjetas de crédito.

5. Cuide° de que su arreglo° y elegancia muestren al público la mejor imagen que pueda proyectar.° En el mundo en que usted se desenvuelve todo detalle cuenta y cobra doble importancia. La gente espera de los ejectivos de ambos sexos una determinada imagen, eficaz, práctica, pero al mismo tiempo sofisticada. Seleccione sus vestidos, bolsas, libretas de apuntes, etc., pensando en que tendrá que llevarlos en muy distintas ocasiones.

6. Para llevar sus papeles utilice un sobre de cuero en vez de un pesado maletín.°

7. Tan pronto llegue a su hotel (que debe ser el mejor que pueda pagar su compañía, por razones inteligentes de negocios), averigüe las ventajas que ofrece para sus huéspedes° ejecutivos. La mayoría tiene servicios de teletipo y cables, secretarias bilingües, intérpretes, etc.

8. Discretamente, averigüe todo lo que pueda sobre las personas con quienes deba entrevistarse: sus gustos, sus deportes favoritos, sus familias, etc. Esto la ayudará a hacer amenas° sus conversaciones.

9. Antes de salir para su primera cita° de negocios, llame por teléfono para confirmar todas sus citas del día. Lleve con usted una lista completa de direcciones y teléfonos, además de las monedas necesarias para poder usar, si lo necesita, los teléfono públicos.

Marginal glosses:
- *wardrobe*
- *Check*
- *average*
- *meetings*
- *summer resort / business suit*
- *to print*
- *find out*
- *check numbers*
- *Take care / appearance*
- *project*
- *briefcase*
- *guests*
- *pleasant*
- *appointment*

10. Si invita a otros ejecutivos a cenar, haga la reservación para la hora en que se acostumbre a cenar en cada sitio. Pague la cuenta sin permitir que alguno de los invitados la pague por usted. Para evitar que alguno de sus invitados le impida hacerlo, pase de antemano° por el restaurante y deje firmado un vale° con su tarjeta de crédito, o arregle° con el «maitre» para que le pasen la cuenta al día siguiente, a su hotel. *beforehand* / *charge slip* / *arrange*

11. Averigüe las costumbres locales de dar propinas. Trate de no pecar° ni por exceso ni por defecto. *to err*

12. Si un cliente la invita a cenar a su casa, al día siguiente hágale llegar una nota de agradecimiento y tal vez un obsequio:° una muestra de sus productos o un libro o disco para su cliente o para el cónyuge° de su cliente, por ejemplo. *present* / *spouse*

13. Tan pronto como regrese a su oficina, escriba cartas para dar gracias a las personas con quienes se relacionó en el viaje. Hágalas en su propio papel de cartas y, si es posible, incluya una breve nota a mano; así parecen mucho más sinceras y personales.

Mari Rodriguez Ichazo
Vanidades (Panamá)
Adaptado

El hombre° ejecutivo en viaje de negocios *male*

El artículo anterior (**La mujer ejecutiva**) da consejos generalmente aplicables a ambos sexos. Para completar esa lista e indicar algunos aspectos culturales que el hombre ha de tener más en cuenta que la mujer ejecutiva, he aquí otros consejos:

1. La distancia cómoda entre personas hablando de pie, especialmente varones, es menor en países latinos (de ambos lados del Atlántico) que en los EE.UU.; esa distancia disminuye más y más cuanto más viva sea la conversación del grupo. Es usual que los hombres, al hablar, toquen con las manos los hombros o los brazos de sus interlocutores.

2. En espacios cerrados, por ejemplo en un ascensor, la distancia aceptable entre personas de ambos sexos es también menor.

3. Tenga cuidado al usar las palabras *mujer* y *coger*. En algunos países decir *su mujer,* en lugar de *su esposa,* es ofensivo, y el verbo *coger* tiene una connotacion sexual.

4. No critique a los gobernantes del país *aunque sus interlocutores lo hagan.* El nacionalismo en España y en Latinoamérica es muy fuerte, y abundan los resentimientos contra los Estados Unidos.

5. Si lo invitan a comer no lleve una botella de vino o de licor. Si quiere llevar algo, compre un ramo de flores para la señora de la casa.

YOU'RE ON YOUR OWN!

Usted es un ejecutivo de la firma Alfa Corporation. Su empresa le encarga visitar Santiago, Chile, en viaje de negocios. Haga una relación de todos sus preparativos y de todo lo que debe hacer antes, durante y después del viaje.

La comercialización

Lección 7

1. La comercialización
2. La distribución de artículos de consumo
3. Descripción del cargo de vice-presidente a cargo de la comercialización

1 La comercialización

«Comercialización» y «mercadeo» traducen a veces a la palabra inglesa *marketing*. Por eso, quizás Ud. habrá notado que algunos autores prefieren usar la palabra en inglés cuando el término español habría podido producir confusión. Sin embargo, la palabra «comercialización» es la usada con mayor frecuencia.

Podríamos definir la comercialización como un conjunto de actividades orientadas hacia la planificación, promoción, evaluación y distribución de productos y servicios.

De acuerdo con esta definición, a la comercialización corresponderán actividades tales como la investigación de mercados, las ventas, la distribución, etc.

La investigación de mercados trata de determinar el mercado potencial existente para los productos y servicios de la empresa. Para eso deberá analizar, entre otras cosas, las actitudes del consumidor y su motivación.

El mercadeo se ocupa de determinar los productos y servicios que la empresa debe incluir en su muestrario, así como la forma en que los productos deben presentarse al público. Esto incluiría cuestiones relacionades con el tamaño, calidad, empaquetado y etiquetaje de los productos.

Ventas se refiere al conjunto de actividades dirigidas a persuadir al consumidor de que el producto o servicio que la empresa ofrece es bueno y que le conviene comprarlo. Entre estas actividades las más importantes serán la publicidad, la formación y dirección de equipos de vendedores, las campañas de promoción y la política de precios y descuentos.

La distribución comprende las actividades que hacen posible el movimiento de las mercancías desde la fábrica o empresa agrícola a los centros de consumo.

VOCABULARIO

ADJETIVOS

dirigido(a) oriented

NOMBRES

la **actitud** attitude
el **conjunto** group
la **cosa** thing
el **director comercial** marketing director
el **empaquetado** packaging
el **etiquetaje** labeling
la **formación** training
el **gerente** director general
la **investigación** research
el **mercadeo** marketing
el **muestrario** samples, sample case
la **planificación** planning

la **publicidad** publicity
el **tamaño** size
el **vendedor** salesman
la **venta** sale

OTRAS PALABRAS Y FRASES

la investigación de mercados marketing research
quizás perhaps

VERBOS

analizar to analyze
comprar to buy
convenir to be good for
persuadir to persuade

PRIMER PASO: Comprensión

¿Verdadero o Falso?

Escriba una *V* o una *F*, según corresponda.

1. Algunos autores prefieren usar la palabra inglesa *marketing* cuando el término español «comercialización» habría podido producir confusión. _____

2. La comercialización es un conjunto de actividades orientadas hacia la planificación, promoción, evaluación y distribución de productos y servicios. _____

3. A la comercialización corresponden actividades tales como la investigación de mercados, el mercadeo, las ventas y la distribución. _____

4. La investigación de mercados tratará de determinar la forma en que los productos deben presentarse al público. _____

5. La determinación de las actitudes del consumidor y su motivación corresponden a la distribución. _____

6. La investigación de mercados tratará de determinar el mercado potencial para los productos y servicios de la empresa. _____

7. La determinación del tamaño, la calidad, el empaquetado y el etiquetaje estará a cargo del departamento de ventas. _____

8. La distribución hace posible la formación y dirección de equipos de vendedores. _____

9. El mercadeo se ocupa de las campañas de promoción y de la publicidad. _____

10. Ventas se refiere al conjunto de actividades dirigidas a persuadir al consumidor de que el producto o servicio que la empresa ofrece es bueno y que le conviene comprarlo. _____

SEGUNDO PASO: Asimilación

Conteste las siguientes preguntas.

1. ¿Cómo definiría usted la comercialización?

....

....

2. De acuerdo con esa definición, ¿qué actividades corresponderán a la comercialización?

....

....

3. ¿Qué palabras españolas traducen la palabra inglesa *marketing*?

....

....

4. ¿Por qué algunos autores prefieren usar la palabra *marketing* en lugar de sus equivalentes en español?

....

....

5. ¿Qué trataría usted de determinar en una investigación de mercados?

....

....

6. ¿Qué haría usted para determinar el mercado potencial existente para los productos y servicios de su empresa?

....

....

....

7. ¿De qué se ocupa el mercadeo?

....

....

8. ¿Qué aspectos de la producción se relacionan con la forma en que los productos serán presentados al público?

....

....

9. ¿Cuáles son las actividades que corresponden al departamento de ventas de una empresa?

....

....

10. ¿Qué actividades comprende la distribución?

....

....

REPASO DE ALGUNAS ESTRUCTURAS GRAMATICALES

El futuro, el futuro perfecto, el condicional y el condicional perfecto.

La Sra. Leticia Herrera, quien es la nueva Jefa de Comercialización de la empresa Alfa, S.A., después de una semana en el cargo, hace un informe al presidente de la Compañía en el que, entre otras cosas, dice lo siguiente:

«La semana pasada hice una investigación de mercados en esta área y me ocupé de cuestiones relacionadas con el mercadeo. La semana próxima me ocuparé de las ventas y de la distribución....»

A. ¿Qué cree usted que *hará* la Sra. Herrera en relación con

    1. las ventas?

        a. ....

        b. ....

2. la distribución?

    a. ....

    b. ....

B. ¿Qué otras cosas *haría* usted en su caso?

  1. En relación con las ventas

    a. ....

    b. ....

  2. En relación con la distribución

    a. ....

    b. ....

C. ¿Qué *habrá hecho* la Sra. Herrera en relación con

  1. la investigación de mercados?

    a. ....

    b. ....

  2. el mercadeo?

    a. ....

    b. ....

D. ¿Qué *habría hecho* usted en el mismo caso?

  1. En relación con la investigación de mercados

    a. ....

    b. ....

  2. En relación con el mercadeo

    a. ....

    b. ....

2 *La distribución de artículos de consumo*

La comercialización de los productos de consumo se realiza, básicamente, a través de los siguientes canales de distribución:

1. **Productor-consumidor.** Es la forma de distribución más simple. Este canal de distribución lleva, directamente, los artículos de consumo del productor al consumidor. Los editores de revistas y periódicos usan esta forma de distribución para llegar a los suscriptores.

2. **Productor-detallista-consumidor.** Algunos detallistas compran directamente a los fabricantes y a los agricultores. Algunos fabricantes tienen sus propias tiendas de venta al detalle.

3. **Productor-mayorista-detallista-consumidor.** Éste es el canal tradicional para los artículos de consumo. Los pequeños productores y los detallistas independientes usan generalmente a los mayoristas como intermediarios.

4. **Productor-agente-detallista-consumidor.** En lugar de usar a los mayoristas como intermediarios, algunos grandes productores prefieren usar agentes de venta, comisionistas, viajantes u otros tipos de intermediarios entre ellos y los detallistas.

5. **Productor-agente-mayorista-detallista-consumidor.** Para tratar de llevar sus productos a los pequeños detallistas, los productores utilizan a agentes de venta y a los mayoristas locales como intermediarios.

Aunque los anteriores son los canales de distribución más frecuentemente empleados, usted seguramente habrá pensado en algunos productores que emplean canales distintos, y un estudio detallado le habría demostrado que son muchas las opciones que se presentan al director comercial o al gerente de una empresa.

VOCABULARIO

ADJETIVOS

detallado(a)   detailed
empleado(a)   used

NOMBRES

el **comisionista**   anyone working on
   commission
el **editor**   publisher
el **fabricante**   manufacturer
el **mayorista**   wholesaler
la **opción**   option

el **suscriptor**   subscriber
el **viajante**   traveling salesman

OTRAS PALABRAS Y FRASES

seguramente   surely
vente al detalle   retail sales

VERBOS

demostrar   to prove

PRIMER PASO: Comprensión

Combine los elementos de la primera columna con los de la segunda.

1. El canal de distribución productor-consumidor es _____

2. El canal de distribución productor-consumidor lleva _____

3. Algunos detallistas compran a _____

4. Algunos fabricantes tienen _____

5. El canal productor-mayorista-detallista-consumidor es _____

6. Los pequeños productores usan a _____

7. Algunos grandes productores prefieren usar a _____

8. Los productores necesitan que sus agentes de venta traten con _____

9. Los detallistas son intermediarios entre _____

10. Los mayoristas son intermediarios entre _____

a. sus propias tiendas de venta al detaile.

b. los mayoristas como intermediarios.

c. los mayoristas locales.

d. los productores y los detallistas.

e. la forma de distribución más simple.

f. directamente los artículos del productor al consumidor.

g. los mayoristas y los consumidores.

h. los fabricantes y a los agricultores.

i. el canal tradicional para los artículos de consumo.

j. agentes de venta como intermediarios entre ellos y los detallistas.

SEGUNDO PASO: Asimilación

Conteste las siguientes preguntas.

¿Qué canal de distribución utiliza(n)

1. un pintor que vende sus cuadros directamente a sus clientes?

....

....

2. la editora que vende sus libros a la librería de la universidad a través de un agente local?

....

....

3. una fábrica de productos alimenticios que vende sus productos a un mayorista?

....

....

4. la fábrica de zapatos Florsheim que vende sus zapatos a través de una cadena de tiendas locales?

....

....

5. el agricultor que vende sus productos directamente a los consumidores?

....

....

6. el productor de leche que vende su mercancía a una gran empresa lechera que la vende luego a los supermercados?

....

....

....

7. la Ford Motor Co.?

....

....

8. los productores de los cosméticos AVON?

....

....

9. Dé dos ejemplos de productores que utilicen el canal de distribución productor-detallista-consumidor.

....

....

10. Dé dos ejemplos de productores que utilicen el canal de distribución productor-mayorista-detallista-consumidor.

....

....

TERCER PASO: Aplicación

A. Usted trabaja para una casa distribuidora de productos latino americanos; traduzca al inglés las etiquetas de los siguientes productos:

Carne asada en salsa
  Producto argentino
  Preparada por Industrias de la Carne, S.A. Buenos Aires, República Argentina.
  Ingredientes: carne de res, agua, salsa de tomate, fécula de maíz, sal, cebolla y pimienta.
  Caliente el contenido en una sartén y sírvalo con arroz, con patatas, con vegetales o sobre su pan favorito.

....

....

....

....

....

....

....

....

Sofrito Goya

Producido en Puerto Rico por Goya de Puerto Rico, Inc.

Manténgase cerrado y refrigerado después de abrirlo.

Sugerencias para su uso:

Base especial para cocinar estilo latino habichuelas, arroz amarillo, sopas, cocidos, fricasés, etc.

Use una cucharadita por cada libra de alimento.

....

....

....

....

....

....

....

....

B. **Uno de sus compañeros es un latinoamericano que no habla bien el inglés. Traduzca para él este fragmento de una lección del libro de texto de «Marketing».**

Both suppliers and consumers are served by efficient distribution. Each will benefit if a product reaches the market in the shortest possible time, in the best condition, and at the lowest cost. Because time, cost, and risk affect distribution decisions the most, the best market route is not simply the shortest distance between producer and consumer.

Channel management is generally the responsibility of the producer, although in most cases intermediaries are involved in the process. Intermediaries include wholesalers, retailers, and facilitators.

A wholesaler buys goods from manufacturers and sells them to retailers and industrial users. A retailer's main business is selling directly to the ultimate consumer. Facilitators are banks, insurance companies, advertising agencies, shippers, stockyards, etc. They play an important role by assisting in the performance of various marketing tasks.

3 Descripción del cargo de vice-presidente a cargo de la comercialización

Funciones básicas:

- Será responsable de dirigir las funciones de la comercialización de la compañía en forma eficaz y lucrativa.
- Aconsejará y hará recomendaciones al presidente de la compañía en todo lo referente a las actividades de comercialización.

Responsabilidades específicas:

- Desarrollará una política de comercialización de acuerdo con los objectivos, política y filosofía de la compañía.
- Imbuirá a todo el personal del departamento un sentido de responsabilidad y de entusiasmo por la compañía y sus productos.
- Organizará las funciones del departamento de comercialización mediante la utilización efectiva de los recursos humanos y financieros.
- Patrocinará un programa de investigaciones dirigidas a determinar las tendencias económicas de la industria, las actitudes y preferencias de los consumidores, los productos de las firmas competidoras, y la posición de la compañía en el mercado.
- Sugerirá la producción de nuevos productos y el mejoramiento de los actuales.
- Evaluará periódicamente los métodos y la política de ventas.
- Determinará los canales más convenientes para la distribución de los productos de la compañía. Manejará todas las relaciones con los distribuidores y representantes locales.
- Hará pronósticos sobre los cambios del mercado en relación con las preferencias de los consumidores.

VOCABULARIO

ADJETIVOS

actual present, current
competidor(a) competitive
efectivo(a) efficient
eficaz efficient

la **preferencia** preference
el **pronóstico** forecast
el **sentido** sense

NOMBRES

el **cargo** position
el **distribuidor** dealer
el **entusiasmo** enthusiasm
la **filosofía** philosophy
el **mejoramiento** improvement
el **objetivo** objective, goal

VERBOS

aconsejar to advise
dirigir to manage, to direct
imbuir to infuse, to imbue
manejar to handle, to manage
patrocinar to sponsor, to support
sugerir to suggest

PRIMER PASO: Comprensión

Subraye la palabra o frase que convenga.

1. (Imbuirá, Desarrollará) una política de comercialización de acuerdo a los objetivos, política y filosofía de la compañía.

2. (Organizará, Recomendará) las funciones del departamento de comercialización mediante la utilización efectiva de los recursos financieros.

3. (Evaluará, Aconsejará) al presidente de la compañía en todo lo referente a las actividades de comercialización.

4. (Patrocinará, Determinará) los canales más convenientes para la distribución de los productos de la compañía.

5. (Sugerirá, Hará pronósticos sobre) la producción de nuevos productos y el mejoramiento de los actuales.

6. (Manejará, Recomendará) todas las relaciones con los distribuidores y representantes locales.

7 (Evaluará, Imbuirá) a todo el personal del departamento un sentido de responsabilidad y de entusiasmo por la compañía y sus productos.

8. (Patrocinará, Evaluará) un programa de investigaciones dirigidas a determinar las tendencias económicas de la industria y la posición de la compañía en el mercado.

9. (Hará pronósticos sobre, Sugerirá) los cambios del mercado en relación con las preferencias de los consumidores.

10. (Patrocinará, Evaluará) periódicamente los métodos y la política de ventas.

SEGUNDO PASO: Asimilación

Conteste las siguientes preguntas.

1. ¿Quién será responsable de dirigir las funciones de la comercialización de la compañía?

....

....

2. ¿En qué forma las dirigirá?

....

....

3. ¿A quién aconsejará y hará recomendaciones el vice-presidente?

....

....

4. ¿Referente a qué?

....

....

5. ¿Cómo se determinarán las tendencias económicas de la industria?

....

....

6. ¿Qué hará el vice-presidente referente a los métodos y a la política de ventas?

....

....

....

7. ¿Qué hará en relación al personal del departamento?

....

....

8. ¿Para qué necesita el vice-presidente conocer las preferencias de los consumidores?

....

....

9. ¿Qué responsabilidades tiene el vice-presidente en relación con la distribución de los productos?

....

....

....

10. ¿Qué sugerirá el vice-presidente en relación con la producción?

....

....

TERCER PASO: Aplicación

Usted ha sido nombrado vice-presidente a cargo de la comercialización de una fábrica de muebles. Después de una semana en el cargo, escriba un memorando para el presidente de la compañía informándole de la situación en que se encuentra el departamento de comercialización de la empresa. Señálele algunas deficiencias que ha encontrado y sugiérale medidas para corregirlas. Recuerde cuales son sus funciones básicas y sus responsabilidades específicas. La siguiente es una guía para su trabajo.

1. Se familiarizará con los objetivos, política y filosofía de la compañía o empresa leyendo toda la «literatura» que se le haya ofrecido o indicado.

2. Estudiará la nómina de los empleados del departamento para conocer los recursos humanos con que cuenta.

3. Se reunirá con todos los empleados del departamento para conocerlos personalmente, explicarles su forma de trabajo y lo que usted espera de ellos.

4. Estudiará el presupuesto del departamento para conocer los recursos económicos a su disposición y la forma en que los mismos están siendo empleados.

5. Estudiará el sistema de investigación de mercados que emplea la empresa y el resultado de esas investigaciones.

6. Estudiará el muestrario de la empresa y tratará de determinar la relación entre el mercado potencial y el mercado real de los productos incluídos en el muestrario.

7. Evaluará los métodos y la política de ventas seguida por la empresa hasta la fecha.

8. Evaluará la publicidad, las campañas de promoción y la política de precios y descuentos.

9. Se pondrá en contacto con los vendedores directamente o a través de circulares.

10. Estudiará las ventajas e inconvenientes de los actuales canales de distribución.

La banca

Lección **8**

1. La carrera bancaria
2. Los bancos en la América Latina
3. Los bancos hispánicos en los Estados Unidos

1 *La carrera bancaria*

A quienes estén estudiando español como parte de su entrenamiento para trabajar en el mundo de los negocios, les recomendamos que tomen en cuenta las posibilidades que les ofrece la carrera bancaria.

Veamos primero lo relativo al sueldo. Posiblemente el sueldo inicial no será atractivo, y le aconsejamos que espere más de un año antes de pedir un ascenso. Por lo general, los bancos desean que sus empleados tengan, a un tiempo, capacidad y experiencia, antes de promoverlos a un cargo ejecutivo. Sin embargo, en este momento los bancos necesitan empleados que hablen español para sus departamentos internacionales que hacen negocios con España y América Latina, y para sus sucursales en esos países; así como para atender, en su propio idioma, a una clientela creciente de habla española. Por tanto, los empleados bilingües pueden obtener ascensos rápidos. Por otra parte si el empleado tiene un buen entrenamiento, después de varios años de experiencia, puede obtener un buen sueldo y muchos beneficios adicionales, además de una magnífica consideración social y muchas relaciones económicas.

En España y en la mayoría de los países de América Latina, los bancos extranjeros controlan buena parte de las operaciones financieras. Usted encuentra en casi todas las ciudades importantes las sucursales de bancos americanos como el Bank of America, The First National Bank of New York, Bank of Boston, Chase Manhattan Bank, Citibank, etc. Actualmente Bank of Boston es el mayor banco extranjero de la Argentina, con 23 sucursales en todo el país y más de 1600 empleados. Su activo pasa de 1000 millones de dólares.

Los empleados bancarios

Los empleados bancarios se dividen en dos categorías: los que son oficiales y los que no lo son. Los oficiales son empleados con cierto grado de autoridad y pueden tomar decisiones que comprometen legalmente al banco en asuntos de negocios. Por ejemplo, ellos son los que estudian las solicitudes de préstamos, y las aprueban o deniegan.

Actualmente, los bancos americanos dan empleo a unas ochocientas mil personas, y una de cada seis de ellas es un oficial. Las mujeres ocupan más de la mitad del total de los empleos, y el número de mujeres oficiales de banco está aumentando rápidamente.

La mayor parte de los empleados que no son oficiales trabajan como oficinistas y como cajeros. Los oficiales tienen títulos que varían de unos bancos a otros. Generalmente los títulos que reciben nos dan idea de sus funciones.

NOTA ECONÓMICO-CULTURAL

El primer banco, en el sentido moderno, se fundó en 1407, en Génova, Italia, con el nombre de «Casa de San Giorgio».

VOCABULARIO

ADJETIVOS

bancario(a) bank, banking
cierto(a) certain, sure
ejecutivo(a) executive
inicial initial
relativo(a) relating to

NOMBRES

el **activo** assets
el **ascenso** promotion
la **autoridad** authority
la **carrera** career, profession
la **categoría** grade, category
la **clientela** clients, customers, clientele
el **entrenamiento** training
el **oficial** officer, official
el **oficinista** clerk
la **sucursal** branch

el **sueldo** wages
el **título** job title

OTRAS PALABRAS Y FRASES

así como as well as
beneficios adicionales fringe benefits
comprometer to render accountable,
  to bind
consideración social social status
rápidamente rapidly
tomar decisiones to decide
tomar en cuenta to consider

VERBOS

aprobar to approve
denegar to deny, to reject
dividir to classify, to divide

PRIMER PASO: Comprensión

Combine los elementos de la primera columna con los de la segunda.

1. En España y en la mayoría de los _____ países de América Latina

2. En casi todas las ciudades impor- _____ tantes de España y de algunos países de América Latina

3. Los empleados bancarios se _____ dividen en dos categorías:

4. Los oficiales _____

5. Ocupan más de la mitad de los _____ empleos en los bancos.

6. Estudian las solicitudes de prés- _____ tamos, y las aprueban o deniegan.

7. La mayor parte de los empleados _____ que no son oficiales

8. Los títulos de los oficiales _____

a. los que son oficiales y los que no lo son.

b. Los oficiales.

c. los bancos extranjeros controlan buena parte de las operaciones bancarias.

d. Las mujeres.

e. varían de unos bancos a otros.

f. Ud. encuentra sucursales de bancos americanos.

g. pueden tomar decisiones que comprometen legalmente al banco en asuntos de negocios.

h. trabajan como oficinistas y como cajeros.

SEGUNDO PASO: Asimilación

Conteste las siguientes preguntas.

1. ¿Qué le recomendamos a los estudiantes que están tomando español como parte de su entrenamiento para trabajar en el mundo de los negocios?

   ....

   ....

2. Si usted piensa trabajar en un banco, ¿cómo espera que sea su sueldo inicial?

   ....

   ....

3. ¿Qué debe esperar después del primer año?

   ....

   ....

4. ¿Qué esperan los bancos para elevar a un empleado a un cargo ejecutivo?

   ....

   ....

5. ¿Qué tipo de empleados necesitan ahora los bancos? ¿En qué departamentos los necesitan?

   ....

   ....

   ....

6. ¿Por qué los bancos buscan empleados bilingües para sus sucursales de las ciudades donde viven muchos hispanos?

   ....

   ....

   ....

7. ¿Qué requisitos debe reunir un empleado bancario para poder aspirar a un buen sueldo y a muchos beneficios adicionales?

   ....

   ....

8. ¿Quiénes son los oficiales de los bancos?

   ....

   ....

9. ¿Qué parte del total de los empleos en los bancos ocupan las mujeres?

....

....

10. ¿Qué cargos ocupan los empleados que no son oficiales?

....

....

REPASO DE ALGUNAS ESTRUCTURAS GRAMATICALES

A. El presente de subjuntivo.

Combine los siguientes elementos para formar oraciones completas.

1. ¿Nosotros le recomendamos...
   Usted toma en cuenta las posibilidades que le ofrece la carrera bancaria.

   ....

   ....

2. Usted aspira...
   El sueldo inicial es atractivo.

   ....

   ....

3. Nosotros esperamos...
   Usted obtiene algún ascenso el primer año.

   ....

   ....

4. Los bancos desean...
   Los empleados tienen, a un tiempo, capacidad y experiencia.

   ....

   ....

5. Usted quiere...
   El banco le ofrece un cargo ejecutivo.

   ....

   ....

6. Los bancos necesitan empleados...
   Ellos hablan español.

   ....

   ....

7. El administrador exige...
   Los empleados atienden a la clientela en su propio idioma.

   ....

   ....

8. Los bancos necesitan...
   Los departamentos internacionales hacen negocios en España y América Latina.

   ....

   ....

9. Te prohibo...
   Espera más de un año.

   ....

   ....

10. En la mayoría de los países de América Latina permiten...
    Los bancos extranjeros controlan buena parte de las operaciones financieras.

    ....

    ....

B. Sustituya las palabras subrayadas por el equivalente en español de *Let's* + *infinitive*, en cada una de las siguientes oraciones.

1. Vamos a ver primero lo relativo al sueldo.

   ....

2. Vamos a hablar del sueldo inicial.

   ....

3. Vamos a pedir ascensos.

   ....

4. Vamos a aconsejar al vice-presidente.

   ....

5. Vamos a hablar con el administrador.

   ....

6. Vamos a ser los primeros.

   ....

2 *Los bancos en la América Latina*

Cada nación latinoamericana tiene un banco central de emisión y redescuento entre cuyas funciones están las de emitir dinero —billetes y moneda— y controlar la actividad de los bancos comerciales.

En Cuba, Nicaragua y México todos los bancos son propiedad del estado. (México nacionalizó su banca en 1982.) En los demás países hay bancos propiedad del estado y bancos privados. De estos últimos algunos son propiedad de extranjeros. Panamá es un centro bancario internacional con más de 120 bancos extranjeros.

En la actualidad, los países de América Latina atraviesan una gran crisis económica que da lugar a grandes déficits en sus presupuestos. Para financiar estos déficits, los gobiernos piden a sus bancos centrales que emitan más y más dinero, y así la inflación resulta incontrolable. También la crisis económica hace que los bancos extranjeros jueguen un papel más importante en el financiamiento del comercio exterior, y en la concesión de créditos y préstamos para este tipo de operaciones.

Mientras tanto, los bancos comerciales locales se están encargando de los préstamos destinados a los negocios locales. Las tasas de interés sobre los préstamos generalmente son muy altas, pero la inflación y la continua devaluación de la moneda anulan la mayor parte de esas ganancias.

Aunque los bancos pagan altos intereses, los ahorros son escasos, pues hay una tendencia creciente a utilizarlos en la compra de tierras y otros bienes raíces para protegerlos de la inflación.

Además de los bancos comerciales, en casi todos los países de América Latina, hay bancos de fomento y desarrollo, también llamados «financieras», bancos de capitalización y cajas postales de ahorro.

Las financieras pertenecen a los gobiernos y se encargan de financiar las obras públicas. Los bancos de capitalización tratan de promover el ahorro aprovechando la aspiración de las familias a tener casa propia.

El suscriptor de una póliza de capitalización debe pagar mensualmente una prima para tener derecho a recibir, al cabo de veinte o veinticinco años, la cantidad de dinero indicada en la póliza.

Las cajas postales de ahorro son bancos de ahorro popular que funcionan en las oficinas de correos. Son propiedad del estado.

VOCABULARIO

NOMBRES

la **concesión** granting
el **déficit** deficit
la **emisión** issue
el **fomento** development
las **ganacias** profit
las **obras públicas** public works
la **póliza** certificate, policy

el **presupuesto** budget
la **prima** premium
el **redescuento** discount

OTRAS PALABRAS Y FRASES

al cabo de at the end of
banco de capitalización institution that accepts deposits whose principal is repaid at maturity

¡BUENAS NOTICIAS!

Abra su Libreta de Ahorro en el Banco de Santiago y sea propietario de su vivienda definitiva.

Una novedosa fórmula

SU AHORRO	en una Libreta de Ahorro para la Vivienda.
+ SUBSIDIO	Estatal
+ CREDITO	en cualquier Institución Financiera.
= SU CASA PROPIA	

EL CAMINO:

1. La Libreta
El primer paso necesario es la apertura de una Libreta de Ahorro para la Vivienda. Junto a ella deberá firmar un contrato de ahorro en el cual se deberá indicar los siguientes aspectos:
- Monto del ahorro al cual se compromete.
- Plazo en el que enterará el ahorro.
- El saldo medio mínimo que deberá mantener.

Una vez cumplido el contrato de ahorro en cuanto al monto total y plazo mínimo convenido, el ahorrante podrá postular al subsidio habitacional otorgado por el Estado.

2. El Subsidio
El Servicio de Vivienda y Urbanismo SERVIU asignará los subsidios seleccionando de entre los postulantes a aquellos que tengan el más alto puntaje, de acuerdo a la suma obtenida por los siguientes conceptos:

1. Monto del Ahorro:
   1 punto por cada Unidad de Fomento de ahorro acumulado.
2. Permanencia o antigüedad del ahorro:
   8 puntos por cada mes completo de cumplimiento del contrato de ahorro.

3. Cargas Familiares:
   10 puntos por cada carga familiar debidamente acreditada.

4. Monto del Subsidio Solicitado:
   Se otorgarán puntajes de acuerdo a las siguientes tablas:

Monto del Subsidio Solicitado (U.F.)		
Tramo A (Para créditos de hasta 500 U.F.)	Tramo B (Para créditos desde 500 U.F. y hasta 1.000 U.F.)	PUNTOS
130	110	0
90	70	50
50	30	100
0	0	150

5. Cantidad del crédito requerido:
   0,2 puntos por cada Unidad de Fomento que resulte de la diferencia entre el máximo del crédito correspondiente al tramo de subsidio al cual postuló y el crédito solicitado.

Los postulantes que resulten seleccionados recibirán un certificado de subsidio del SERVIU, el que podrá ser utilizado para pagar parte del precio de la vivienda que desee adquirir.

3. El Crédito
Con el Certificado de Subsidio cada interesado podrá concurrir a un Banco Comercial o Sociedad Financiera y solicitar un crédito hipotecario en las siguientes condiciones:

PLAZO: 12, 15 ó 20 años, a decisión del solicitante.
TASA DE INTERES: U.F. + 8%/o anual.

El monto del crédito no podrá ser superior a 8 veces el ahorro total pactado ni superar el 75%/o del valor de la vivienda.

Es importante destacar que este sistema permite adquirir viviendas cuyo valor total no exceda a 2.000 Unidades de Fomento.

Las viviendas pueden ser nuevas, usadas, urbanas o rurales. Sin embargo, hasta Septiembre de 1985, sólo se podrá financiar con este sistema la adquisición de viviendas nuevas.

Acérquese a cualquiera de las 27 sucursales del Banco de Santiago y haga desde hoy su primer depósito para la Libreta de Ahorro de Vivienda.

La Libreta de Ahorro para la Vivienda del Banco de Santiago es el punto de partida de su casa propia.

Mientras antes realice su depósito de ahorro, más puntos gana y antes podrá adquirir su vivienda.

Banco de Santiago, líder en servicios bancarios.

 BANCO DE SANTIAGO

banco de fomento   development bank
bienes raíces   real estate
caja postal de ahorro   post office savings
   bank
mensualmente   monthly
póliza de capitalización   certificate issued
   by a *banco de capitalización*
tasa de interés   interest rate

VERBOS

anular   to cancel
aprovechar   to take advange of, to make
   use of
indicar   to show, to record
nacionalizar   to nationalize
resultar   to turn out

PRIMER PASO: Comprensión

¿Verdadero o Falso?

Escriba una *V* o una *F*, según corresponda.

1. Los bancos centrales emiten dinero y controlan la actividad de los bancos comerciales.   _____

2. En México hay bancos privados.   _____

3. En Panamá todos los bancos son propiedad del estado.   _____

4. En América Latina la inflación resulta incontrolable porque los bancos centrales emiten dinero para financiar los déficits en los presupuestos.   _____

5. Los bancos comerciales locales juegan un papel importante en el financiamiento del comercio de importación y exportación.   _____

6. Las tasas de interés sobre los préstamos generalmente son muy bajas.   _____

7. Aunque los bancos pagan bajos intereses, los ahorros son abundantes.   _____

8. Hay una tendencia creciente a utilizar los ahorros en la compra de tierras y otros bienes raíces.   _____

9. Los bancos de fomento y desarrollo pertenecen a los gobiernos y se encargan de financiar las obras públicas.   _____

10. Las cajas postales de ahorro son bancos de ahorro que funcionan en las oficinas de correos.   _____

SEGUNDO PASO: Asimilación

Conteste las siguientes preguntas.

1. Como resultado de la crisis económica actual, ¿qué se ven obligados a hacer los bancos centrales de los países de Sudamérica?

   ....

   ....

   ....

2. ¿A qué se debe que los bancos comerciales extranjeros estén jugando un papel tan importante en el financiamiento del comercio de importación y exportación?

   ....

   ....

3. ¿De qué se están encargando los bancos comerciales locales?

....

....

4. Generalmente, ¿cómo son las tasas de interés sobre los préstamos?

....

....

5. ¿Cree usted que sea un buen negocio abrir una cuenta de ahorros en un banco de Sudamérica? ¿Por qué?

....

....

....

6. ¿Por qué son escasos los ahorros en los bancos de Sudamérica?

....

....

....

7. ¿Qué otros tipos de bancos hay en América Latina?

....

....

....

8. ¿A quién pertenecen y de qué se encargan las financieras? ¿Qué otro nombre reciben?

....

....

....

9. ¿De qué se ocupan los bancos de capitalización?

....

....

....

10. ¿Qué debe hacer el subscriptor de una póliza de capitalización para tener derecho a recibir la cantidad de dinero indicada en la póliza?

....

....

....

TERCER PASO: Aplicación

Usted trabaja para un banco local.

1. **Un cliente quiere hacer negocios en Sudamérica. Infórmele en inglés acerca de los servicios que ofrece el Banco Sudamericano de Comercio Exterior, según el siguiente anuncio.**

   El Banco Sudamericano de Comercio Exterior le ayuda a resolver sus problemas relacionados con el comercio internacional.

   La estructura actual del mercado mundial hace que, a menudo, comprador y vendedor no se conozcan mutuamente y que ni uno ni otro tenga información suficiente de las leyes y regulaciones comerciales de los países correspondientes.

   En estos casos, el Banco Sudamericano de Comercio Exterior actúa como intermediario y, mediante nuestros servicios, les ayuda a llevar a cabo el negocio en forma fácil, rápida y segura para todos los interesados.

   Nuestros servicios incluyen cartas de crédito, financiaciones, cambios de divisas, establecimiento de garantías, cobros y todos los demás servicios relacionados con las operaciones comerciales.

   ....

   ....

   ....

   ....

   ....

   ....

   ....

   ....

   ....

2. **Traduzca al español para un cliente de habla hispana un suelto o un documento del banco. (informaciones sobre distintos tipos de cuentas, formulario para un préstamo, etc.)**

   ....

   ....

   ....

   ....

   ....

   ....

   ....

   ....

3 *Los bancos hispánicos en los Estados Unidos*

Según un estudio dado a conocer recientemente por el Sr. Robert Clair, economista del Banco de la Reserva Federal de Dallas, los bancos propiedad de hispánicos son tan lucrativos como los bancos cuyos propietarios no pertenecen a las minorías étnicas, aun cuando los primeros sufren mayores pérdidas en sus préstamos.

Para compensar estas mayores pérdidas en sus préstamos, los bancos hispánicos aumentan el costo del dinero que prestan, fijan mayores precios por sus servicios y exigen que sus clientes paguen más por el manejo de sus depósitos.

De acuerdo al informe, los gastos de operación de los bancos hispánicos equivalen al 10,39% del total de sus activos, lo que es mucho más del 9,56% en los bancos anglos. Sin embargo, los ingresos son mayores en los bancos hispánicos: 11,62% del total de activos, en comparación con el 10,87% en los bancos anglos.

Según el Sr. Clair, sus investigaciones son importantes porque los bancos de minorías ofrecen servicios valiosos de los cuales casi nunca pueden disfrutar esas minorías en los demás bancos, y porque sus conclusiones desmienten la idea generalizada de que los bancos de minorías son negocios riesgosos que necesitan regulaciones más restrictivas que los demás bancos.

Actualmente el activo de todos los bancos hispánicos juntos es de unos $1.600 millones, poco más de la tercera parte del total de los activos de todos los bancos controlados por minorías.

Al final de su informe el Sr. Clair sugiere a los demás bancos propiedad de minorías que examinen los resultados de su investigación, y les aconseja que sigan el ejemplo de los bancos hispánicos.

La mayor concentración de bancos hispánicos está en el sur de la Florida. Según el Sr. Enrique Llaca informa en su sección «Economía y Finanzas» del DIARIO DE LAS AMERICAS edición 2 de octubre de 1985, en el condado de Dade hay 28 bancos hispánicos, cuyos depósitos llegan a cerca de $4.000 millones.

En la lista de las mayores quinientas empresas hispanas de los Estados Unidos publicada por la revista HISPANIC BUSINESS, en junio de 1985, aparecían 39 bancos. La lista incluye las empresas establecidas en Puerto Rico.

NOTA CULTURAL

El origen del préstamo con interés es muy antiguo. En la Biblia se condena la usura (*usury*).

VOCABULARIO

ADJETIVOS
étnico(a) ethnic
restrictivo(a) restrictive
riesgoso(a) risky
valioso(a) useful, beneficial

NOMBRES
el **economista** economist
el **informe** report
el **manejo** handling, managing

la **minoría** minority

OTRAS PALABRAS Y FRASES
recientemente recently

VERBOS
compensar to compensate for
desmentir to refute
equivaler to be equivalent
examinar to examine

PRIMER PASO: Comprensión

Seleccione la frase que mejor completa cada una de las siguientes oraciones.

1. Según el estudio del Sr. Robert Clair, los bancos propiedad de hispanos...
   a. fijan menores precios por sus servicios.
   b. sufren mayores pérdidas en sus préstamos.
   c. no exigen que sus clientes paguen más por el manejo de depósitos.

2. Los gastos de operación de los bancos hispanos...
   a. son mayores que los de los bancos anglos.
   b. son menores que los de los bancos anglos.
   c. son iguales a los de los bancos anglos.

3. Según el informe del Sr. Clair sus investigaciones son importantes porque...
   a. los bancos de minorías ofrecen servicios valiosos.
   b. sus conclusiones desmienten la idea generalizada de que los bancos de minorías son negocios riesgosos.
   c. los bancos de minorías necesitan regulaciones más restrictivas que los demás bancos.

4. El activo de todos los bancos hispánicos juntos...
   a. es mayor que el de los bancos propiedad de las otras minorías étnicas.
   b. es poco más de la tercera parte del total de los activos de todos los bancos controlados por minorías.
   c. es poco más de la tercera parte del total de los activos de todos los bancos de Estados Unidos.

5. La mayor concentración de bancos hispanicos está en...
   a. Nueva York.
   b. Los Angeles.
   c. el sur de la Florida.

6. La lista de las mayores quinientas empresas hispanas en los Estados Unidos aparece en...
   a. el Diario de las Américas.
   b. la revista HISPANIC BUSINESS.
   c. el informe del Sr. Llaca.

SEGUNDO PASO: Asimilación

Conteste las siguientes preguntas.

1. ¿Quién es el Sr. Robert Clair?

   ....

2. ¿Qué hacen los bancos hispánicos para compensar las mayores pérdidas en sus préstamos?

   ....

   ....

3. ¿Por qué son importantes las investigaciones del Sr. Clair?

   ....

   ....

4. ¿Cuál es la idea generalizada acerca de los bancos de minorías?

   ....

   ....

5. ¿Qué sugiere el Sr. Clair a los demás bancos propiedad de minorías?

   ....

   ....

6. ¿En qué periódico escribe el Sr. Enrique Llaca?

   ....

7. ¿Cómo se llama la sección que escribe el Sr. Llaca?

   ....

8. ¿Cuántos bancos aparecen en la lista de las mayores quinientas empresas hispanas en los Estados Unidos?

   ....

TERCER PASO: Aplicación

Usted y uno de sus compañeros prepárense para representar la solicitud de un préstamo. Uno actuará como representante de una empresa comercial y el otro como funcionario de un banco.

Después del saludo correspondiente, el representante de la empresa comercial deberá informar al funcionario del banco:

1. el objeto de su visita

2. la cuantía del préstamo

3. para qué quiere o necesita su empresa el préstamo

Luego querrá saber:

1. interés que cobra el banco
2. forma de pago del préstamo
3. cuánto demora la tramitación del préstamo

Por su parte, el funcionario del banco se interesará acerca de:

1. los activos de la empresa
2. el pasivo (deudas) de la empresa
3. el crédito de la empresa (préstamos y créditos anteriores)

Después informará al cliente sobre:

1. documentos que deberá presentar el solicitante
2. garantías que exige el banco (hipoteca, firma de aval, etc.)
3. documento que deberá firmarse y quienes deberán firmarlo por la empresa (presidente, administrador, gerente, etc.)

La administración del negocio

9

1 *Las funciones del administrador*

Si hay cuatro palabras en que puedan resumirse las funciones del administrador de un negocio, son éstas: planear, controlar, decidir y evaluar.

Planear consiste en determinar los objetivos del negocio y en establecer los métodos y procedimientos para alcanzarlos.

Controlar es velar porque se sigan los métodos y procedimientos establecidos para lograr los objetivos planeados.

Decidir es la más difícil de las funciones del administrador y tal vez sea la más peligrosa. El principal objetivo de un negocio es obtener ganancias y el adminstrador debe decidir qué hacer y cómo hacerlo para obtener la mayor rentabilidad o beneficio con el menor riesgo. Si se equivoca, puede ser que le cueste el puesto.

Para hacer decisiones correctas es necesario **evaluar** periódicamente la productividad de los recursos, la actividad empresarial y los resultados del negocio.

Todas estas funciones están muy relacionadas entre sí. En una industria, por ejemplo, la planificación incluye decisiones tales como qué producir, en qué cantidad, con qué calidad, a qué precio, etc. Pero, para que el administrador pueda decidir qué producir, y en qué cantidad, necesita conocer la demanda del mercado. Sólo después que la conozca y evalúe podrá hacer una decisión acertada. Del mismo modo, para garantizar un determinado nivel de calidad, y poder fijar un buen precio, deberá controlar perfectamente el proceso de producción, etc.

Por tanto, el administrador necesita tener a su disposición una información completa tanto acerca de la vida interna del negocio como del mercado potencial. La información acerca de la vida interna del negocio está a cargo del departamento de contabilidad, y ya vimos que la investigación de mercados corresponde al departamento de comercialización.

En fin, el trabajo del administrador es difícil y complejo, pero muy interesante. Por ejemplo, fijar el nivel de calidad a que debe producirse un artículo dado, no es nada sencillo. No basta con ordenar que los productos sean de óptima calidad. Hay que tener en cuenta el poder adquisitivo de los posibles clientes, sus gustos, sus hábitos de compra, sus costumbres, su psicología...y la tecnología de nuestra fábrica, la capacidad y experiencia de nuestros ingenieros, técnicos y obreros, etc. Además, la óptima calidad no siempre produce óptimas ganancias.

VOCABULARIO

ADJETIVOS

acertado(a) correct
complejo(a) complex
determinado(a) certain, fixed
empresarial business
óptimo(a) optimum, very best
peligroso(a) dangerous

NOMBRES

el **administrador** administrator
la **contabilidad** accounting
la **ganancia** profit
el **gusto** taste
el **ingeniero** engineer
el **procedimiento** procedure
la **productividad** productivity
la **psicología** psychology
el **puesto** job
la **rentabilidad** return

el **riesgo** risk
el **técnico** technician

OTRAS PALABRAS Y FRASES

del mismo modo in the same way
hábitos de compra purchasing habits
perfectamente perfectly
poder adquisitivo purchasing power
tal vez perhaps

VERBOS

acertar to guess correctly, to be right
equivocarse to make a mistake
evaluar to evaluate
garantizar to guarantee
ordenar to mandate, to order
planear to plan
velar to watch over, to see to

PRIMER PASO: Comprensión

Combine los elementos de la primera columna con los de la segunda.

1. Palabras que resumen las funciones del administrador _____

2. Planear es _____

3. Controlar es _____

4. Decidir es determinar _____

5. Es necesario evaluar la actividad empresarial y los resultados del negocio _____

6. La planificación incluye decisiones tales como _____

7. Para que el administrador pueda decidir qué producir _____

8. Para garantizar un determinado nivel de calidad y poder fijar el precio, el administrador deberá _____

9. Al departamento de contabilidad corresponde la _____

10. El departamento de comercialización se encarga de la _____

a. velar porque se sigan los métodos y procedimientos establecidos para lograr los objetivos planeados.

b. para hacer decisiones correctas.

c. la investigación de mercados.

d. controlar perfectamente el proceso de producción.

e. determinar los objetivos del negocio y los métodos y procedimientos para alcanzarlos.

f. necesita evaluar la demanda del mercado.

g. información acerca de la vida interna del negocio.

h. planear, controlar, decidir y evaluar.

i. qué producir, en qué cantidad, con qué calidad y a qué precio.

j. qué hacer y cómo hacerlo para obtener la mayor rentabilidad o beneficio con el menor riesgo.

SEGUNDO PASO: Asimilación

Conteste las siguientes preguntas.

1. ¿Cuáles son las palabras con que pueden resumirse las funciones del administrador?

....

....

2. ¿Qué es planear?

....

....

3. ¿Qué es controlar?

....

....

4. ¿Por qué decidir es la más difícil de las funciones del administrador?

....

....

5. ¿Por qué es la más peligrosa?

....

....

6. ¿Qué debe hacer el administrador para poder tomar decisiones correctas?

....

....

....

7. ¿Qué decisiones incluye la planificación?

....

....

8. Para poder decidir, ¿qué informaciones necesita tener a su disposición el administrador?

....

....

....

9. ¿Qué necesita hacer el administrador para poder garantizar un determinado nivel de calidad?

....

....

....

10. ¿Qué información puede obtener el administrador en el departamento de contabilidad?

....

....

....

REPASO DE ALGUNAS ESTRUCTURAS GRAMATICALES

El subjuntivo

Escriba de nuevo las siguientes oraciones cambiando las palabras en letra cursiva por las palabras entre paréntesis. Haga los demás cambios que sean necesarios.

1. *Sé* que existen cuatro palabras en que pueden resumirse las funciones del administrador. (Dudo)

....

....

....

2. *Creo* que el administrador debe decidir qué hacer y cómo hacerlo. (No creo)

....

....

....

3. La Srta. Barceló *afirma* que el principal objectivo de su negocio es obtener ganancias. (niega)

....

....

....

4. *Hay alguien* que controla los métodos y procedimientos establecidos. (No hay nadie)

....

....

....

5. *Estoy seguro de* que el administrador decide los métodos y procedimientos. (Espero)

....

....

6. *Dice* que esta fábrica produce artículos de óptima calidad. (Temo)

....

....

7. *Hay que tener en cuenta que* la óptima calidad no siempre produce óptimas ganancias. (Es lamentable)

....

....

8. *Tenemos* un administrador que controla perfectamente el proceso de producción. (Buscamos)

....

....

9. *Él afirma* que el administrador tiene a su disposición una información completa. (No es posible)

....

....

10. *El consumidor sabe* que que los productos son de primera calidad. (El consumidor quiere)

....

....

2 La contabilidad: un sistema de información

La contabilidad es un sistema de información sobre la vida económica y financiera de un negocio o de una entidad no lucrativa. Este proceso de información se desarrolla a través de las siguientes fases o etapas:

1. **Recolección de datos.** Los datos referentes a las transacciones económicas del negocio o entidad aparecerán en los documentos de compra-venta o de servicios que preste o reciba la empresa: facturas, recibos, envíos, etc.

2. **Análisis de las transacciones.** Las transacciones se analizan para saber cómo afectan al activo, pasivo o capital del negocio o entidad.

3. **Asiento en el Diario.** Las transacciones deben ser asentadas cronológicamente en el Diario. Cada anotación es un asiento. Un asiento tiene cuatro partes: fecha, cuenta deudora, cuenta acreedora y explicación.

4. **Pase al Mayor.** Las anotaciones del Diario no son útiles si no se clasifican y ordenan. Éste es el objeto de los pases al Mayor. En el Mayor cada cuenta se anota en una página distinta. Las páginas de los libros de contabilidad se llaman folios.

5. **Balance de Comprobación.** Al final de un período contable se hace una lista de todas las cuentas del Mayor con sus saldos. La suma de los saldos deudores debe ser igual a la suma de los saldos acreedores. Lo normal es que el período contable sea de un año. Si el año contable no coincide con el año natural, se llama año fiscal.

6. **Estados financieros.** La información del Balance de Comprobación se utiliza para confeccionar los Estados Financieros. Los más importantes son el Estado de Pérdidas y Ganancias y el Balance General. En el Estado de Pérdidas y Ganancias se comparan los ingresos y los egresos; la diferencia es la ganancia o pérdida en el período. El Balance General es una relación de los activos y pasivos del negocio. En un Balance General el activo es igual al pasivo más el capital.

VOCABULARIO

NOMBRES

la **anotación**   entry
el **asiento**   entry
el **diario**   journal, daily newspaper
la **entidad**   organization
el **envío**   shipment
la **etapa**   stage, phase
la **factura**   bill, invoice
el **folio**   page, folio
el **mayor**   general ledger
el **pasivo**   liabilities
el **recibo**   receipt
la **recolección**   collection, gathering
el **saldo**   balance

OTRAS PALABRAS Y FRASES

año fiscal   fiscal year
año natural   calendar year
asiento en el diario   journal entry
balance de comprobación   trial balance
balance general   balance sheet
cronológicamente   chronologically
cuenta acreedora   credit account
estado de pérdidas y ganacias   profit and
   loss statement, income statement
estado financiero   financial statement
lo normal   the normal
pase al mayor   entry in the general ledger
período contable   accounting period
cuenta deudora   debit account

afectar to affect
anotar to enter, to record
asentar to enter, to record

clasificar to classify
comparar to compare
confeccionar to prepare, to draw up

PRIMER PASO: Comprensión

¿Verdadero o Falso?

Escriba una *V* o una *F*, según corresponda.

1. Los datos referentes a las transacciones económicas del negocio o entidad aparecen en el Balance General. _____

2. La contabilidad es un sistema de información sobre la vida económica de un negocio o de una entidad no lucrativa. _____

3. Las transacciones se analizan para saber cómo afectan al activo, pasivo o capital del negocio o entidad. _____

4. Un asiento tiene tres partes: activo, pasivo y capital. _____

5. En el Mayor se anotan varias cuentas en cada página. _____

6. Las páginas de los libros de contabilidad se llaman folios. _____

7. En el Balance de Comprobación, la suma de los saldos deudores debe ser igual a la suma de los saldos acreedores. _____

8. Lo normal es que el periodo contable sea de cinco años. _____

9. En el Estado de Pérdidas y Ganancias se comparan los ingresos y los egresos. _____

10. El año contable siempre coincide con el año natural. _____

SEGUNDO PASO: Asimilación

Conteste las siguientes preguntas.

1. ¿Cuáles son las etapas del proceso de información de la contabilidad?

   ....

   ....

2. ¿Cómo deben ser asentadas las transacciones en el Diario?

   ....

   ....

3. ¿Cuántas partes tiene un asiento de Diario?

   ....

   ....

4. ¿Para qué se hacen los pases al Mayor?

   ....

   ....

5. ¿Cuándo se hace un Balance de Comprobación?

   ....

   ....

6. ¿Qué es un año fiscal?

   ....

   ....

7. ¿Para qué se utiliza la información del Balance de Comprobación?

   ....

   ....

8. ¿Cuáles son los estados financieros más importantes?

   ....

   ....

9. ¿Qué estado financiero nos da la ganancia o pérdida en un período contable?

   ....

   ....

10. ¿A qué es igual el activo de un negocio?

   ....

   ....

TERCER PASO: Aplicación

Usted trabaja en una empresa de asesoramiento.

1. Traduzca al inglés el siguiente Balance de Comprobación:

T. Martínez y Hnos.

Balance de Comprobación

Junio 30 de 1985

No	Cuentas	Debe	Haber
1	Caja	35.428	
3	Cuentas a cobrar	7.625	
4	Inventario final	48.565	
6	Documentos a cobrar	2.000	
7	Seguro pagado por adelantado	1.500	
10	Edificio	175.000	
13	Depreciación de edificio		15.000
15	Muebles y enseres	55.324	
16	Depreciación de muebles y enseres		4.000
19	Cuentas a pagar		41.680
21	Documentos a pagar		8.900
23	Impuestos a pagar		762
24	Hipoteca a pagar		1.160
27	Capital		180.000
29	Utilidades retenidas		7.500
30	Gastos de mantenimiento	1.700	
32	Utilidades		74.840
35	Sueldos y salarios (gastos)	2.700	
37	Seguro (gastos)	1.750	
38	Intereses pagados	375	
40	Gastos varios	1.875	
	Totales	$333.842	$333.842

....

....

....

....

....

....

....

....

2. Traduzca al español el siguiente Estado de Pérdidas y Ganancias.

Redwood Apartments Inc.

Income Statement

For the Year Ending Dec. 31, 1985

Revenue

Rent revenue		240,780

Operating expenses

Salary and wages	21,400	
Apartment maintenance	7,280	
Utilities and telephone	18,435	
Insurance	4,600	
Property tax	2,800	
Miscellaneous expenses	1,432	
Total operating expenses		55,947
Income from apartment operations		184,833

Financial expense

Interest expense		16,785

Pre-tax income | | 168,048
Income tax expense | | 23,569

Net income | | $144,479

....

....

....

....

....

....

....

....

....

....

....

....

....

....

....

....

....

....

....

....

....

....

....

....

3 *La administración de pequeños negocios*

En una época de continua concentración de capitales, resulta alentador que los pequeños negocios controlen aún más del 70% de las ventas al detalle y presten casi el 80% de todos los servicios en los Estados Unidos.

Generalmente, se considera que los pequeños negocios representan la verdadera esencia de la empresa privada independiente en que se basa la economía del mercado libre. Esto explica la creación de la Administración de Pequeños Negocios y la Ley de Oportunidades Económicas. Si un pequeño negocio necesita capital y no puede obtenerlo de los bancos comerciales, la Administración de Pequeños Negocios puede hacerle un préstamo directamente, o garantizarle hasta el 90% del préstamo que le dé un banco comercial.

Por otra parte, la Ley de Oportunidades Económicas de 1964 establece que la Administración de Pequeños Negocios puede hacer préstamos a personas de bajos ingresos que tengan o quieran poner un pequeño negocio. Estos préstamos se hacen a personas que no tienen oportunidad de competir con los negocios establecidos a causa de discriminación social o económica. Los solicitantes pueden obtener hasta $25.000 pagaderos en 15 años. La tasa de interés es de un 5½%. (Note la amplia diferencia con la tasa de los bancos comerciales.)

Sin embargo, investigaciones llevadas a cabo han demostrado que la mitad le los negocios pequeños fracasan en los dos primeros años de su existencia, y que el 92% de todas esas quiebras se deben a mala administración. En un esfuerzo por evitar los fallos que ocasionan estas bancarrotas, la Administración de Pequeños Negocios lleva varios años ofreciendo un programa de asistencia y consejos para la dirección y administración de negocios. Es lamentable que, a pesar de todos estos esfuerzos, los préstamos no estén dando el resultado esperado. En consecuencia, el gobierno ha propuesto la eliminación del programa.

VOCABULARIO

ADJETIVOS
lamentable regrettable
pagadero(a) payable
social social

NOMBRES
la **asistencia** assistance
la **discriminación** discrimination
la **época** period
la **esencia** essence
el **esfuerzo** effort
el **fallo** error, mistake

el **solicitante** applicant

OTRAS PALABRAS Y FRASES
alentador promising, encouraging
aún más even more than

VERBOS
basarse en to be based on
fracasar to fail
ocasionar to cause
proponer to propose

PRIMER PASO: Comprensión

Seleccione la frase que mejor complete cada una de las oraciones siguientes.

1. En una época de continua concentración de capitales, resulta alentador que
   a. la mitad de los negocios pequeños no fracasen en los dos primeros años.
   b. los negocios pequeños controlen aún más del 70% de las ventas al detalle y presten casi el 80% de todos los servicios en los Estados Unidos.
   c. el 92% de todas las quiebras se deban a la mala administración.

2. Generalmente, se considera que los pequeños negocios representan
   a. a las personas de bajos ingresos que tengan o quieran poner un negocio.
   b. a la Administración de Pequeños Negocios.
   c. la verdadera esencia de la empresa privada independiente en que se basa la economía del mundo libre.

3. Si un pequeño negocio necesita capital y no puede obtenerlo de los bancos comerciales, la Administración de Pequeños Negocios puede
   a. garantizarle hasta el 90% del préstamo que le dé un banco comercial.
   b. competir con los negocios establecidos a causa de la discriminación social o económica.
   c. ofrecerle un programa de asistencia y consejos para la dirección y administración de negocios.

4. La Ley de Oportunidades Económicas de 1964 establece que
   a. los pequeños negocios deben controlar el 70% de todas las ventas al detalle.
   b. la tasa de interés sea de un 8%.
   c. la Administración de Pequeños Negocios puede hacer préstamos a personas de bajos ingresos que tengan o quieran poner un pequeño negocio.

5. La Administración de Pequeños Negocios hace sus préstamos a personas que
   a. no tengan oportunidades de competir con los negocios establecidos a causa de discriminación social o económica.
   b. puedan obtener hasta $50.000.
   c. paguen una tasa de interés del 2½%.

6. Las investigaciones llevadas a cabo han demostrado que
   a. la mitad de los negocios pequeños fracasan en el primer año.
   b. la mitad de los negocios pequeños fracasan en los dos primeros años.
   c. el 92% de los negocios pequeños fracasan en los dos primeros años.

7. El 92% de todas las quiebras se deben
   a. a la alta tasa de interés.
   b. a mala administración.
   c. a la discriminación social o económica.

8. En un esfuerzo por evitar los fallos de negocios pequeños, la Administración de Pequeños Negocios ofrece
   a. préstamos hasta $25.000 pagaderos en 15 años.
   b. una amplia diferencia con la tasa de bancos comerciales.
   c. un programa de asistencia y consejos para la dirección y administración de negocios.

SEGUNDO PASO: Asimilación

Conteste las siguientes preguntas.

1. ¿Qué porcentaje de las ventas al detalle controlan los pequeños negocios?

....

....

2. ¿Qué porcentaje de los servicios prestan los pequeños negocios?

....

....

3. ¿Dónde consigue dinero un pequeño negocio si no puede obtenerlo de los bancos comerciales?

....

....

....

4. ¿Qué establece la Ley de Oportunidades Económicas de 1964?

....

....

5. ¿Cuáles son las condiciones?

....

....

6. ¿Qué porcentaje de los negocios pequeños fracasan en los dos primeros años?

....

....

....

7. ¿Por qué quiebran?

....

....

8. ¿Qué hace la Administración de Pequeños Negocios para evitar estos fallos?

....

....

....

TERCER PASO: Aplicación

La gran empresa para la que usted trabaja ha abierto en México una fábrica de ... (elija usted el producto que más conozca: una planta ensambladora de artículos electrónicos, un laboratorio farmacéutico, una fábrica de tejidos, etc.). Usted ha sido nombrado administrador de la nueva planta. Informe a su empresa:

1. Plan de producción para el primer año. Métodos y procedimientos que utilizará para cumplir su meta.

2. Señale el número de empleados que necesita, la calificación que deben tener esos empleados, el salario que va a pagarles, los beneficios adicionales y seguros que debe garantizarles.

3. Indique la productividad que considera adecuada para cada departamento y explique como va a controlar la productividad.

4. Explique que incentivos va a utilizar para lograr la mayor producción y la mejor calidad posibles.

5. Relacione las medidas de seguridad en el trabajo establecidas en la fábrica.

6. Informe sobre contribuciones e impuestos que debe pagar la fábrica.

7. Hable sobre el sistema de contabilidad establecido.

Lecturas suplementarias

1 La empresa y las ferias

En materia de ferias° comerciales, la cuestión no está en saber si son *fairs*
provechosas° o no, puesto que° prácticamente todas lo son, sino en decidir *profitable | since*
en cuales conviene participar. Por ejemplo, si el ramo de la empresa° no se *line of business*
adapta a las características de la feria, los riesgos de participar en ella pueden
ser mucho mayores que las ventajas. Igualmente, si el volumen de la propia
producción alcanza sólo para satisfacer el mercado local, es obvia la
inutilidad° de concurrir a° una feria de alcance nacional y mucho menos *uselessness | taking part in*
internacional. Si esto es así, la importancia de planear cuidadosamente la
participación de su firma en una feria es fundamental para que sus esfuerzos
se vean coronados por el éxito. He aquí algunas simples reglas que pueden
ayudarle a lograr ese objetivo:

1. **Elija la feria adecuada.** Todos los años hay una infinidad de ferias
comerciales para cada industria. Éstas pueden ser desde municipales,
provinciales y nacionales hasta internacionales. ¿Cómo elegir la más
conveniente? La mejor es aquélla a la que piensan asistir sus clientes.

2. **Planee su exhibición con la mayor antelación posible.°** Hacerlo le *as far in advance as possible*
permitirá no sólo economizar tiempo y dinero sino también conseguir
una mejor y más efectiva presentación de sus productos. Además, no
olvide que proyectar° y construir un puesto de exhibición requiere, de *to design*
acuerdo con las firmas del ramo, entre 60 y 90 días. Pero el tiempo no
es todo. Igualmente importantes son las informaciones que usted le
suministre a la empresa que elija para instalar su puesto de exhibición.
Sea franco° con ella. Hágale saber si al participar en la feria busca *candid*
hacer ventas o tan sólo crear una buena imagen de su compañía.

3. **Prevea las necesidades de los clientes.** La gente va a las ferias comerciales esperando obtener respuestas a preguntas específicas. Prevea esas
preguntas y prepare las respuestas.

4. **Haga que su exhibición trabaje para usted.** El diseñador° de su puesto *designer*
de exhibición debe crear un elemento que sirva para atraer° rápida- *to attract*
mente la atención de los visitantes de la feria. Si consigue esto, la calidad
de sus productos y sus vendedores se encargarán del resto. Elimine
cualquier cosa que no sea funcional. Haga la exhibición simple, sobria,° *sober*
atractiva. Las luces giratorias°, las sirenas estridentes° y las muchachas *rotating | loud sirens*
escasamente vestidas no son la manera más eficaz de atraer a los
mejores prospectos°. *potential clients*

5. **Ofrezca hechos, no palabras.** La idea de que se necesitan bellas mucha-
chas para atraer a los compradores a un puesto de exhibición, donde
vendedores agresivos se hacen cargo de la situación, es un mito°. Los *myth*
compradores que concurren a las ferias de hoy ya no se dejan impre-
sionar° por esos conocidos trucos°. Irán a su puesto de exhibición en *are not impressed | tricks*
busca de datos concretos sobre los productos que se exhiben y usted
debe suministrárselos.

6. **Use la publicidad con bastante antelación.** Obtenga el mayor provecho
posible de su exhibición haciéndola conocida antes de que la feria abra
sus puertas. Instruya° ampliamente a sus vendedores y distribuidores. *Instruct*
Informe a sus clientes y prospectos. Utilice para ello correspondencia,
periódicos y haga la mayor pubicidad posible. La mayor parte de las
revistas comerciales dedican artículos especiales a las ferias. Es conveniente hacer su publicidad en los números en donde aparezcan esos
artículos.

152

7. **Muestre sus productos en uso.** Si no le es posible hacer demostraciones de sus productos o presentar modelos en funcionamiento, tenga a mano fotografías y filmes sobre los mismos.

8. **Sea honesto.** No trate de realzar° el aspecto de sus productos con aditamentos° que después el cliente no recibirá con su orden de compra. Exhiba sus mejores artículos y asegúrese de que sean de primera calidad.

to enhance
accessories

9. **Use su mejor gente.** Los vendedores que estén a cargo del puesto de exhibición pueden levantar o hundir° su exhibición. Por lo tanto, seleccione su personal más calificado y, además, adiéstrelo° cuidadosamente para que pueda hablar con fluidez° e inteligencia acerca de cada fase de su proceso de producción y de sus controles de calidad.

make or break
train them
smoothly

10. **Personal técnico.** Si el funcionamiento de sus productos es complejo, es imprescindible° la inclusión de algunos de los ingenieros de la empresa en el personal que estará a cargo del puesto de exhibición. Los vendedores tienen, por lo general, muy limitados conocimientos técnicos y los ingenieros raramente son buenos vendedores. Déle a sus visitantes la oportunidad de conversar con ambos.

imperative

11. **Número de visitantes.°** Si muy pocos concurrentes a la feria visitan su puesto de exhibición, usted debe: a.) enviar a sus vendedores a que recorran° los de la competencia para que observen los productos que exhiben, los métodos usados para hacer las demostraciones° y cualquier otro detalle que pueda ayudarle a mejorar su propia presentación; b.) sugiérales que llamen telefónicamente a los clientes más importantes y los inviten a visitar su puesto de exhibición; c.) controle diariamente la actividad que han desarrollado en relación con la feria.

visitors
go through
displays

12. **Estudie cuidadosamente los resultados.** Haga que el encargado de su puesto de exhibición confeccione un informe sobre los aspectos positivos y negativos de la exhibición. Interrogue° a sus vendedores y distribuidores. Solicite el comentario de sus clientes. Éstas y todas las demás informaciones que pueda reunir no sólo le servirán para evaluar el impacto que hizo su presente exhibición sino también para mejorar la que realice en la próxima feria.

Question

Visión (México, D.F.)
Adaptado

¿Qué sabe usted de las ferias?

1. ¿Cuál es la mejor feria para una empresa?

....

....

2. ¿Por qué las empresas deben planear su participación en una feria con la mayor antelación posible?

....

....

3. ¿Qué debe hacer la empresa para tratar de dar respuestas específicas a las preguntas de la gente?

....

....

4. ¿Qué debe crear el diseñador de su puesto de exhibición?

....

....

5. ¿Qué buscan los compradores que concurren a las ferias de hoy?

....

....

6. ¿Qué debe hacer la empresa si no puede hacer demostraciones de sus productos?

....

....

7. ¿Cuándo es aconsejable incluir ingenieros entre el personal a cargo del puesto de exhibición?

....

....

8. ¿Qué debe hacer la empresa si poca gente visita su puesto de exhibición?

....

....

2 Los derechos del consumidor

En 1962, el Presidente Kennedy envió al Congreso un mensaje° dedicado totalmente a la protección del consumidor. En ese mensaje el Presidente enumeró° los siguientes derechos del consumidor:

1. **El derecho a la seguridad:** A ser protegido° contra la comercialización de artículos peligrosos para la salud o para la vida.
2. **El derecho a ser informado:** A ser protegido contra las informaciones engañosas° o fraudulentas en los anuncios y etiquetas; y a que se le dé la información necesaria para hacer una decisión inteligente.
3. **El derecho a escoger:** A que se le asegure,° siempre que sea posible, el acceso a una variedad de productos y servicios a precios competitivos; y en aquellas industrias en que la competencia no es funcional, a que se le asegure una calidad satisfactoria y precios razonables.
4. **El derecho a ser oído:** A que se le asegure que los intereses del consumidor recibirán una debida consideración a la hora de formular la política del gobierno; y a que sus quejas° sean oídas y resueltas rápidamente por los tribunales u organismos administrativos.

message

enumerated

To be protected

misleading

To be guaranteed

complaints

Siete años después, el Congreso de la Alianza Cooperativa Internacional, reunido en Londres, adoptó una Declaración Internacional de los Derechos de los Consumidores. De acuerdo a esa declaración, los consumidores tienen derecho a:

1. Un nivel razonable de nutrición, vestido y vivienda.
2. Un nivel adecuado de seguridad y un medio ambiente° saludable, libre de contaminación°. *environment* *pollution*
3. Tener acceso a una información apropiada sobre productos y servicios.
4. Influir° sobre la vida económica y participar democráticamente en su control. *To influence*

Además de derechos, los consumidores tienen responsabilidades y obligaciones. Entre éstas vale la pena citar las siguientes:

1. Pagar sus cuentas y ser honestos en relación con las mismas. Llamar la atención del comerciante no solamente cuando los errores en las cuentas les perjudiquen,° sino también cuando les favorezcan. *harm*
2. Evitar el desperdicio° de productos y servicios. Muchos recursos son irremplazables° y, en todo caso, otras personas, en nuestro país o en el extranjero, pueden necesitar lo que nosotros malgastamos.° *waste* *irreplaceable* *waste*
3. Fomentar constantemente una actitud consciente con respecto a la calidad.
4. No abusar, ni renunciar al derecho y la libertad de elegir inteligentemente entre una variedad de productos y servicios.
5. Estar conscientes de la función que el consumidor tiene para la economía. El consumidor responsable sabe que gastar su dinero influye en la economía nacional e internacional.

¿Qué sabe usted sobre sus derechos como consumidor?

Un político latinoamericano le pide un informe sobre los derechos del consumidor en los Estados Unidos. Prepare su informe por escrito. Incluya las disposiciones sobre publicidad, control de calidad, derecho de devolución o cambio, información al consumidor que debe contener la etiqueta, etc. Amplíe su informe señalando otros derechos que, a su juicio, deberían tener los consumidores.

3 El control de calidad

Hasta no hace mucho, hablar de control de calidad era hablar de una función altamente especializada, a cargo de un selecto grupo de expertos encerrados° en una especie de «torre de marfil».° Como siempre sucede, no faltó alguien que pusiera en tela de juicio° tal concepto, afirmando que el control de calídad no podía ser la responsabilidad exclusiva de un pequeño grupo.

locked up / ivory tower
doubted

Afirman quienes así opinan que el control de calidad es una actividad vinculada° a todos los aspectos del proceso de producción, desde la adquisición de la materia prima hasta la inspección del producto ya terminado. Y en esa actividad, aseguran, deben participar todos los que contribuyen directamente a la fabricación de una mercancía. A esto denominan° Control Total de Calidad. Este concepto del control de calidad pone una gran responsabilidad en las manos del jefe encargado de la producción.

linked

They call this

En materia de calidad, correspondería al encargado de la producción:
1. Asegurarse personalmente de que el producto esté bien hecho.
2. Velar porque sus trabajadores entiendan y participen en el programa de control de calidad.
3. Fomentar° constantemente una actitud consciente con respecto a la calidad.

Foster

4. Convencer a sus operarios de la preocupación suya y de la empresa por el control de calidad, no sólo con palabras sino también con el ejemplo, no dejando de cumplir nunca las normas de calidad existentes ni permitiendo que otro lo haga.
5. Asegurarse de que las herramientas,° accesorios y métodos usados son los adecuados para hacer el trabajo.

tools

6. Conseguir los hombres calificados para hacer el trabajo en cuestión.° El departamento de personal debe entender las necesidades específicas del encargado en materia de mano de obra, y preocuparse de que los nuevos obreros posean o adquieran una clara conciencia de la importancia de la calidad.

such a job

La gente de control de calidad, a su vez, debe ser responsable del mantenimiento° de un estrecho control sobre cada paso de la producción, asegurándose de que:

upkeep

1. El encargado de producción cuente con los planos, diseños,° herramientas, materiales y maquinarias indispensables para fabricar el producto con la calidad deseada.

designs

2. Los operarios y el encargado de producción sepan cómo hacer correctamente el trabajo y entiendan todas las especificaciones, diseños y otros requerimientos técnicos.
3. El departamento de producción disponga de las herramientas y accesorios necesarios para controlar la calidad del trabajo que se esté efectuando.
4. Los inspectores de calidad inspeccionen periódicamente cada área de trabajo para asegurarse de que se estén siguiendo estrictamente todas las especificaciones y de que nada haya salido mal.°

has gone wrong

Visión (México, D.F.)
Adaptado

156

¿Qué sabe usted acerca del control de calidad de algunos productos de consumo popular?

Un latinoamericano de visita en los Estados Unidos le pregunta si puede tomar la leche sin hervirla o el agua tal como sale de la llave o espita. Infórmele cómo se controla la calidad de ésos y otros productos de consumo popular en los Estados Unidos. Prepárese para hacer el informe haciendo la investigación correspondiente.

4 Cualidades del vendedor

¿El buen vendedor nace o se hace? En otras palabras ¿se necesita poseer determinadas facultades innatas o cualquiera que se lo proponga puede llegar a ser un buen vendedor? Como en todas las cosas, en esto también existen opiniones contrapuestas°.   *opposing*

Algunas personas estiman que hay una «personalidad de venta» y que los buenos vendedores nacen con ella. La implicación es que el hombre común, carente° de esta misterioso talento, está condenado para siempre a la   *lacking*
mediocridad en la actividad de ventas.

Son muchos los que no comparten° este punto de vista. El gerente de   *share*
ventas de una importante empresa norteamericana, que elabora° productos   *manufactures*
alimenticios, sostiene que vender es realmente muy fácil y que sólo se necesitan dos cosas: determinación y perseverancia°. Y agrega: «Puede que existan   *persistence*
esos individuos que nacieron vendedores, pero yo nunca me he encontrado
con uno de ellos, a pesar de haber trabajado con gente triunfadora en este
campo. Sí he podido comprobar°, en cambio, que cuando un vendedor se   *to verify*
esfuerza sinceramente, trabaja duro, perfecciona sus presentaciones de venta
y conoce el producto y las necesidades del cliente, siempre tiene éxito.»

La verdad es que en los primeros seis meses de la carrera de vendedor
nadie está libre de algunas experiencias dolorosas° para su amor propio.°   *painful / ego*
Éste es precisamente el período en que el principiante° necesita toda la ayuda   *beginner*
que pueda prestársele. Y en ello juega un papel fundamental el gerente de
ventas, puesto que es él quien debe suministrarle las nociones básicas, tanto
prácticas como teóricas, que le permitirán desarrollar su propio estilo. Pero
para conseguir esto último, sin lo cual nadie llega a convertirse en un buen
vendedor, el aprendizaje° debe ser algo más que un proceso profesional del   *training period*
vendedor novel,° sería un grave error aprender todo de memoria y repetirlo   *inexperienced*
mecánicamente sin tomar en cuenta las circunstancias especiales de cada
cliente.

Por ello, los vendedores que visitan regularmente a sus clientes deben
desarrollar presentaciones que se adapten a las simpatías° y antipatías° de   *likes / dislikes*
cada uno de ellos. Una sola presentación de venta estereotipada no servirá
de mucho. Un vendedor no debe olvidar jamás que, en realidad, no está
vendiendo frijoles enlatados, maquinarias o automóviles: está vendiendo
beneficios.

Todos los vendedores tienen que competir con otros que venden productos probablemente tan buenos, de precios tan convenientes, y tan bien
anunciados como el propio. ¿Qué hace entonces que una persona sea un
éxito y otra un fracaso? Dedicación. El vendedor que triunfa conoce su
producto y el producto de su competidor; escucha lo que dice su cliente y
organiza su presentación para crear en éste la convicción de que el artículo

que le está ofreciendo le proporcionará el beneficio esperado. La persona que entra en un negocio y trata de vender su producto basándose sólo en la calidad y el precio no ha entendido el problema. La mayoría de los clientes ya tienen un amplio conocimiento de los productos que usan en su campo de actividad, pero no tienen una idea tan clara del beneficio que se derivará° *will be derived* de usar la marca A en vez de la marca B. El trabajo del vendedor consiste en indagar° cual es ese beneficio y presentárselo adecuadamente al cliente. *finding out*

Es posible no compartir esa posición, pero lo que no puede negarse es el valor que tienen la determinación y la perseverancia para la formación del vendedor. A esto podría agregársele que las técnicas de venta han alcanzado hoy un grado tal de perfeccionamiento que resulta poco menos que imposible no llegar a ser un vendedor eficaz si se estudia y se trabaja con ahinco.° *eagerly*

Sin embargo, no creemos que se pueda negar de manera absoluta el valor de ciertas cualidades innatas como, por ejemplo, ser extrovertido,° tener *outgoing* facilidad de palabra, simpatía personal, etc., y, por añadidura,° una buena *besides* dosis de vocación profesional.

Visión (México, D.F.)
Adaptado

¿Es usted un buen vendedor?

Prepárese para vender algo. En la próxima clase usted deberá tratar de «venderle» a un «hispano hablante» una casa, un automóvil, una bicicleta, un tocadiscos, un traje de uso, etc. Al final de la clase sus compañeros y usted decidirán quienes fueron los mejores vendedores y clientes del día.

El personal de la empresa

Lección 10

1. La contratación de personal
2. Adiestramiento
3. Eficaz función directiva

1 *La contratación de personal*

Contar con un personal capacitado y estable es una condición indispensable para el éxito de una empresa, cualquiera que sea su tamaño y el tipo de mercancía que produzca o venda. Hay que tener en cuenta que todo empleado es una inversión que debe rendir sus frutos como cualquiera otra. Si mañana te nombraran jefe de personal de una empresa, ¿qué harías para tratar de contratar a las personas más calificadas y responsables? Vamos a darte algunas recomendaciones que te ayudarán a obtener el mayor provecho posible de tus entrevistas para la contratación de personal:

- **Analiza las solicitudes.** Usa las solicitudes como una criba inicial para reducir lo más que puedas el número de candidatos. Estudia las referencias, antecedentes de trabajo y cualquier otra información que contengan las solicitudes.

- **Haz primero las preguntas importantes.** Una vez cumplidas las formalidades iniciales, ve directamente al grano. Haz preguntas específicas, para que el solicitante tenga que dar repuestas detalladas y concretas sobre los puntos que te interesan.

- **Explica la posición.** Cuando tengas ya suficiente información sobre el solicitante, explícale detalladamente en qué consiste la posición. Describe ampliamente el trabajo, y señálale los aspectos positivos y negativos del mismo.

- **Deja hablar al solicitante.** No te dejes arrastrar por el impulso inconsciente de acaparar la conversación. La mejor forma de enterarte de lo que deseas saber es dejar hablar al candidato. Si el candidato no posee las condiciones que requiere el trabajo, dale la mala noticia inmediatamente; así ni el solicitante ni tú pierden el tiempo.

- **Toma notas y repásalas.** Toma notas durante la entrevista y, después de terminar todas las entrevistas, relee tanto las solicitudes como las notas y toma la decisión final. Una vez que tomes tu decisión, comunícate con el candidato ganador y ofrécele el trabajo.

Visión (México, D.F.)
Adaptado

VOCABULARIO

ADJETIVOS

calificado(a) qualified
capacitado(a) competent
concreto(a) concrete
específico(a) specific
ganador(a) winning
inconsciente subconscious
indispensable essential, indispensable
responsable responsible

NOMBRES

el **candidato** candidate
la **contratación** employment, hiring
la **criba** screen
la **entrevista** interview
las **formalidades** formalities
el **impulso** impulse
el **provecho** benefit
el **punto** matter

la **referencia** reference
la **respuesta** reply
la **solicitud** application

VERBOS

acaparar to monopolize
comunicar to get in touch, to communicate

contener to contain
enterarse to learn, to find out
nombrar to appoint
releer to reread
rendir to yield

PRIMER PASO: Comprensión

¿Verdadero o Falso?

Escriba una *V* o una *F*, según corresponda.

1. No es necesario contar con un personal estable para el éxito de una empresa pequeña. _____

2. Todo empleado es una inversión que debe rendir sus frutos como cualquiera otra. _____

3. Es importante que las compañías contraten siempre a las personas más calificadas y responsables. _____

4. Debemos usar las entrevistas como una criba inicial. _____

5. Es conveniente estudiar las referencias, antecedentes de trabajo y cualquier otra información que contengan las solicitudes. _____

6. Es mejor hacer las preguntas importantes antes de cumplir las formalidades iniciales. _____

7. Es conveniente explicarle detalladamente al candidato en qué consiste la posición. _____

8. Debemos señalar únicamente los aspectos positivos de la posición. _____

9. Si el candidato no posee las condiciones que requiere el trabajo, déle la mala noticia inmediatamente. _____

10. No es correcto tomar notas durante la entrevista. _____

SEGUNDO PASO: Asimilación

Conteste las siguientes preguntas.

1. ¿Para qué te damos recomendaciones?

....

....

....

2. ¿Por qué debes utilizar las solicitudes como una criba inicial?

....

....

....

3. ¿Por qué debes hacer preguntas específicas?

....

....

....

4. ¿Qué debes hacer cuando ya tengas suficiente información sobre el candidato?

....

....

....

5. ¿Qué aspectos del trabajo debes señalarle?

....

....

....

6. ¿Cuál es la mejor forma de enterarte de lo que deseas saber?

....

....

7. ¿Qué debes hacer si el candidato no posee las condiciones que requiere el trabajo?

....

....

....

8. ¿Por qué debes tomar notas durante la entrevista?

....

....

....

9. ¿Qué debes releer después de terminar todas las entrevistas?

....

....

....

10. ¿Qué debes hacer una vez que tomes una decisión?

....

....

....

REPASO DE ALGUNAS ESTRUCTURAS GRAMATICALES

A. Expresiones que requieren el subjuntivo

Llene los espacios con la forma correspondiente del verbo entre paréntesis.

1. Debemos tratar de obtener el mayor beneficio a menos que el riesgo (*ser*) .... muy grande.

2. Es conveniente que el administrador evalúe periódicamente la productividad de los recursos para que (*poder*) .... hacer decisiones correctas.

3. Es necesario determinar los objetivos del negocio antes de que (*establecerse*)................... los métodos y procedimientos para alcanzarlos.

4. La contabilidad se hará tan pronto ᴗomo (*terminar*) .... el período económico.

5. El ingeniero quiere contratar mejores técnicos a fin de que la fábrica (*trabajar*) .... en condiciones óptimas.

B. Imperativo y subjuntivo

Un amigo suyo va a hacer entrevistas para la contratación de personal. Hágale las siguientes recomendaciones, comenzándolas en la forma indicada en cada caso.

1. Analiza las solicitudes.

   Es necesario que ....

2. Haz primero las preguntas importantes.

   Es mejor que ....

3. Explica detalladamente en que consiste la posición.

   Es importante que ....

4. Deja hablar al solicitante.

   Es preferible que ....

5. Toma notas y repásalas.

   Es conveniente que ....

C. El imperativo: tú

Ahora su amigo está entrevistando a un joven que está muy nervioso. Para que el joven se sienta más cómodo usa la forma tú para pedirle lo siguiente.

1. Hablarle sobre sus estudios universitarios.

   ....

2. Explicarle en qué consistieron sus cursos de contabilidad.

   ....

   ....

3. No hablar detalladamente de sus cursos de economía.

....

....

4. Darle detalles de sus antecedentes de trabajo.

....

5. Informarle cuáles son sus aspiraciones.

....

6. No esperar la respuesta hasta dentro de tres días.

....

TERCER PASO: Aplicación

A. Usted desea trabajar en España durante el verano. Traduzca y rellene la siguiente solicitud de empleo.

SOLICITUD DE EMPLEO

_____

Sr.
Sra.
Srta. ....
       Apellido   Nombre   Segundo nombre

Dirección: ....
           Número   Calle   Ciudad

             Estado   Zona Postal   Teléfono

Número de Seguro Social: .... Edad: ....

Estado civil: soltero casado divorciado Nacionalidad: ....

Lugar de nacimiento: .... Licencia de conducción:
                  Estado o país
                                              No. ....

Esposa o esposo: ....

Nombre y edad de los hijos: ....

Educación:	Nombre de la Institución	Años Desde/Hasta	Título o certificado
Primaria:	....	....	....
Secundaria:	....	....	....
Universitaria:	....	....	....
Otros:	....	....	....

Experiencia:

Nombre de la empresa	Dirección	Desde/Hasta
....	....	....
....	....	....
....	....	....

Referencias personales:

Nombres y apellido	Dirección	Teléfono
....	....	....
....	....	....
....	....	....

....
Mes   Día   Año   Firma del solicitante

B. Para acompañar a su solicitud de empleo haga su résumé en inglés y luego tradúzcalo al español.

....

....

....

....

....

....

....

....

....

....

....

....

....

....

....

....

....

....

....

....

....

....

....

2 *Adiestramiento*

Contar con un personal capacitado es un elemento clave en la producción, tanto como pueden serlo el disponer de materia prima de buena calidad, maquinarias y herramientas adecuadas, una efectiva organización del trabajo, etc. El buen ritmo de producción de la planta requiere prestarle tanta atención al personal ya existente como al adiestramiento de los empleados que vayan ingresando.

Cuando no se disponga de alguien que se dedique especialmente al adiestramiento de los nuevos empleados—lo que casi siempre sucede en las empresas pequeñas—esa función debe asumirla el jefe de cada departamento o área de trabajo. No puede dejarse esa tarea en manos de los compañeros que accidentalmente les toquen a los nuevos empleados. Sin embargo, ocurre a veces que el jefe del grupo no tiene tiempo para ocuparse de la capacitación de los novatos. ¿Qué hacer entonces? Lo más sensato sería que el jefe de personal seleccionara a uno o varios empleados para que se hicieran cargo del entrenamiento. ¿Qué clase de personas son los mejores instructores? Las cualidades que se deben buscar son varias, pero usted se va a sentir más seguro si toma en consideración los siguientes factores:

Habilidad directiva. Lo mejor es buscar a esos empleados a quienes todos recurren cuando se presenta algún problema.

Capacidad para juzgar a los demás. La persona que hace juicios a la ligera no es la indicada para ocupar un puesto de instructor.

Conocimiento del oficio. No siempre los trabajadores que dominan mejor el oficio son buenos instructores. En vez de seleccionar a un trabajador muy eficiente, busque a alguien capaz de explicar un proceso de una manera lógica.

Habilidad para enseñar. Un buen instructor es capaz de expresarse con palabras que los demás pueden entender. Además, un buen instructor tiene la paciencia necesaria para insistir una y otra vez en los detalles, y está siempre dispuesto a repetirlo todo una y otra vez.

Si no encuentra un instructor adecuado en la propia empresa, puede utilizar los servicios de las escuelas de formación profesional acelerada, que existen en algunos países.

Visión (México, D.F.)
Adaptado

VOCABULARIO

ADJETIVOS

directivo(a) leadership
dispuesto(a) ready
lógico(a) logical
sensato(a) sensible

NOMBRES

el **adiestramiento** training
la **capacitación** training

la **clave** key
el **compañero** coworker
la **habilidad** ability
el **instructor** instructor
el **novato** beginner
la **paciencia** patience
el **trabajador** worker

accidentalmente   by change
área de trabajo   work area
formación profesional acelerada   quick
   professional training
hacer juicios a la ligera   to jump to
   conclusions
una y otra vez   time and time again

VERBOS
asumir   to assume
dominar   to know well

expresarse   to express oneself
hacerse cargo de   to take charge of, to
   take responsibility for
ingresar   to join
juzgar   to judge
ocuparse de   to concern oneself with
recurrir   to turn to
seleccionar   to choose, to select
sentir   to feel

PRIMER PASO: Comprensión

Seleccione la frase que mejor complete cada una de las oraciones siguientes.

1. Un elemento clave en la producción es
   a. contar con un personal capacitado.
   b. estar siempre dispuesto a repetirlo todo una y otra vez.
   c. explicar un proceso de una manera lógica.

2. El buen ritmo de producción de la planta requiere
   a. buscar a esos empleados a quienes todos acuden cuando se presenta algún problema.
   b. hacer juicios a la ligera.
   c. prestarle atención al adiestramiento de los empleados que vayan ingresando.

3. Cuando no se dispone de alguien que se dedique especialmente al adiestramiento de los nuevos empleados lo mejor es
   a. dejar esa tarea en manos de los compañeros que accidentalmente les toquen.
   b. que el jefe de cada departamento o área de trabajo asuma esa función.
   c. que el jefe del grupo no tenga tiempo.

4. Si el jefe del grupo no tiene tiempo para ocuparse de la capacitación de los novatos, lo más sensato es que el jefe de personal seleccione
   a. a uno o varios empleados capacitados y confiables a fin de que se hagan cargo del entrenamiento de los novatos.
   b. las cualidades que se deben buscar en los instructores.
   c. las mejores escuelas de formación profesional acelerada.

5. No es la indicada para ocupar un puesto de instructor
   a. la persona a quienes todos acuden cuando se presenta algún problema.
   b. la persona que domina mejor el oficio.
   c. la persona que hace juicios a la ligera.

6. Los trabajadores que dominan mejor el oficio
   a. son capaces de expresarse con palabras que los demás pueden entender.
   b. no siempre son buenos instructores.
   c. tienen la paciencia necesaria para insistir una y otra vez en los detalles.

7. Un buen instructor está siempre dispuesto
   a. a repetirlo todo una y otra vez.
   b. a juzgar la capacidad de los demás.
   c. a demostar su habilidad directiva.

8. Para ocupar el puesto de instructor se debe seleccionar
   a. a un trabajador muy eficiente.
   b. al trabajador que mejor domine el oficio.
   c. a un trabajador con habilidad para enseñar.

Nombre... Sección................................. Fecha.............

SEGUNDO PASO: Asimilación

Conteste las siguientes preguntas.

1. ¿Cuáles son algunos elementos claves en la producción?

   ....

   ....

2. Cuando no se disponga de alguien que se dedique al adiestramiento de los nuevos empleados, ¿quién debe asumir su función?

   ....

   ....

   ....

3. ¿A quiénes no debe dejarse dicha función?

   ....

   ....

4. ¿A quiénes puede seleccionar el jefe de personal para que se hagan cargo del adiestramiento?

   ....

   ....

5. ¿Cuáles son los empleados con habilidad directiva?

   ....

   ....

6. En vez de seleccionar a un trabajador muy eficiente, ¿a quién se debe seleccionar para entrenar a los novatos?

   ....

   ....

   ....

7. ¿Cómo debe expresarse un buen instructor?

   ....

   ....

   ....

   ....

169

8. ¿Por qué el instructor debe tener paciencia?

....

....

....

....

9. ¿Qué otras condiciones debe tener un buen instructor?

....

....

....

....

10. Si no se cuenta con un instructor adecuado en la propia empresa, ¿qué servicios se pueden utilizar?

....

....

....

....

TERCER PASO: Aplicación

Usted trabaja en el departamento de personal.

1. Traduzca las siguientes condiciones de higiene y seguridad industrial.

El trabajo deberá prestarse en condiciones:

1. Que permitan a los obreros y empleados su desarrollo físico normal; 2. Que les dejen tiempo libre suficiente para el descanso e instrucción, y para sus expansiones lícitas; 3. Que presten suficiente protección a la salud y a la vida de los obreros o empleados contra los accidentes y las enfermedades profesionales; y 4. Que eviten todo atentado a la moral y a las buenas costumbres.

El patrono deberá asimismo disponer las medidas necesarias para que se preste, en caso de accidente, oportuna y adecuada atención médica, farmacéutica y hospitalaria.

....

....

....

....

....

....

....

....

....

....

....

....

....

....

....

....

....

....

....

2. Traduzca las siguientes condiciones de emergencia.

In the event of an earthquake:

1. Do not attempt to evacuate the building.
2. Protect yourself from falling objects by standing in a doorway or getting under a desk or table.

After initial earthquake:

1. Close all window coverings.
2. Stay away from windows and overhead lighting.
3. Minimize use of telephone.
4. Make every effort to carry out routine procedures and return facility to normal.
5. Await further instructions from the Emergency Coordinating Staff.

....

....

....

....

....

....

....

....

....

....

....

....

....

....

....

....

....

....

....

3 *Eficaz función directiva*

Todos sabemos que la función del dirigente no consiste sólo en dar órdenes, sobre todo cuando él o ella tiene una participación muy directa en las tareas que realizan los subordinados. Sin embargo, frecuentemente los dirigentes olvidan este hecho y crean un clima de tensión muy propicio a conflictos laborales, al trabajo a desgano, al ausentismo, etc. Lo que sucede, generalmente, es que estas personas pierden la perspectiva de su misión y se olvidan de que además de dirigir, asesorar y usar su capacidad técnica, existe otro aspecto de su función al que también deben prestar atención: las relaciones humanas. Las siguientes recomendaciones son el resultado de una encuesta realizada entre personal ejecutivo y supervisores de diversas industrias y negocios. Un buen dirigente debe:

1. Conocer a sus empleados. Si usted está a cargo de la contratación del personal, después de comprobar las calificaciones del solicitante, no debe olvidarse de preguntarle algo acerca de sí mismo: ambiciones, planes para el futuro, actividades extra-laborales, etc.

2. No tratar de complacer a todo el mundo. Algunos jefes dicen a uno una cosa y al siguiente otra, con el fin de tener a todo el mundo contento. Al final, su falta de carácter resulta evidente y no quedan bien con nadie.

3. Respaldar a sus empleados. Si cualquiera otra autoridad acusa injustamente a un miembro de su grupo, Ud. debe respaldarlo sin vacilar. Aunque esto podría crearle situaciones incómodas, a la larga su actitud le va a permitir ganarse el respeto tanto de su personal como de sus superiores.

4. Tratar de ser justo. Siempre es posible distribuir equitativamente los trabajos desagradables. Es injusto asignar siempre ese tipo de tareas a la misma persona.

5. Mantener su serenidad. De vez en cuando, usted se enoja. Sin embargo, nada ganaría si perdiera los estribos y se dejara llevar por la ira.

6. No dar excusas. Si comete un error, debe admitirlo. Es peor inventar coartadas o tratar de descargar la responsabilidad en otros. Las excusas en que nadie cree son francamente lamentables.

7. Delegar autoridad. Ni usted ni nadie puede manejar un departamento sin ayuda. En su área de trabajo siempre hay personas dispuestas y deseosas de colaborar con usted. ¿Por qué no aprovecharlas?

8. Hacer las críticas en privado. La razón es obvia: al evitarle a un empleado la humillación de llamarle la atención delante de sus compañeros, Ud. se gana su agradecimiento.

Visión (México, D.F.)
Adaptado

VOCABULARIO

ADJETIVOS

desagradable unpleasant
deseoso(a) eager, anxious
diverso(a) various
extralaboral outside of work
incómodo(a) uncomfortable

obvio(a) obvious
propicio(a) favorable

NOMBRES

el **agradecimiento** thanks
la **ambición** ambition

el **ausentismo** absenteeism
las **calificaciones** qualifications
el **clima** climate
la **coartada** alibi
la **crítica** criticism
el **desgano** unwillingness, lack of
    motivation
el **dirigente** manager, leader
la **encuesta** poll
el **hecho** fact, factor
la **humillación** humiliation
la **ira** rage
la **perspectiva** perspective
el **respeto** respect
la **serenidad** serenity
el **subordinado** subordinate, employee
la **tensión** stress, strain

OTRAS PALABRAS Y FRASES
cometer un error to make a mistake
conflicto laboral labor dispute
de vez en cuando from time to time

equitativamente fairly
estar a cargo de to be in charge of
injustamente unjustly
llamar la atención to correct
perder los estribos to lose one's temper
quedar bien to come off well
sí mismo oneself
sobre todo above all
todo el mundo everybody

VERBOS
acusar to accuse
asesorar to advise
asignar to assign
complacer to please
comprobar to check
delegar to delegate
descargar to unload
enojarse to get upset, to get angry
ganar to win, to earn
inventar to invent, to make up
respaldar to support, to endorse
vacilar to hesitate, to waver

PRIMER PASO: Comprensión

Combine los elementos de la primera columna con los de la segunda.

1. La función del dirigente no consiste sólo _____

2. Un clima de tensión es muy propicio _____

3. Además de dirigir, asesorar y usar su capacidad técnica, los dirigentes también deben _____

4. Usted no debe olvidarse de preguntarle al solicitante _____

5. Algunos jefes dicen a uno una cosa y al siguiente otra _____

6. Si cualquiera otra autoridad acusa injustamente a un miembro de su grupo _____

7. Siempre es posible _____

8. Las excusas en que nadie cree _____

a. algo acerca de sí mismo: ambiciones, planes para el futuro, etc.

b. distribuir equitativamente los trabajos desagradables.

c. con el fin de quedar bien con todo el mundo.

d. en dar órdenes.

e. son francamente lamentables.

f. a conflictos laborales, al trabajo a desgano y al ausentismo.

g. Ud. debe respaldarlo sin vacilar.

h. prestar atención a las relaciones humanas.

SEGUNDO PASO: Asimilación

Conteste las siguientes preguntas.

1. ¿Qué debe hacer el dirigente si comete un error?

   ....

   ....

2. ¿Qué es peor que admitir un error?

   ....

   ....

3. ¿Por qué usted necesita delegar autoridad?

   ....

   ....

4. ¿Qué razón hay para hacer las críticas en privado?

   ....

   ....

5. A la larga, ¿qué ventajas puede traer para usted respaldar a un miembro de su grupo acusado injustamente?

   ....

   ....

   ....

6. ¿Por qué un dirigente no debe decir una cosa a uno y otra al siguiente?

   ....

   ....

7. Después de comprobar las calificaciones del aspirante, ¿qué otras cosas debe preguntarle?

   ....

   ....

   ....

8. ¿De dónde están tomadas las recomendaciones que aparecen en la lectura?

   ....

   ....

   ....

TERCER PASO: Aplicación

1. **Prepare, por escrito, una descripción del puesto de trabajo que a Ud. le gustaría tener. Refiérase a los siguientes aspectos.**

   a. Tipo de trabajo: intente describir todos los detalles del puesto.

   b. Remuneración y beneficios que desea obtener.

   c. Lugar donde le gustaría prestar sus servicios.

   d. Adiestramiento requerido.

   e. Organización de su puesto y formas de promoción.

   f. Personal a su cargo.

   g. Autorización y responsabilidad para controlar su propio presupuesto.

   h. Responsabilidades de contratación de otro personal a su servicio.

   i. Dependencia funcional de su puesto: de quién depende, quién le evalúa, cuándo le evalúan, etc.

2. **La clase se divide en tres grupos: el primer grupo es el grupo de los entrevistadores; el segundo grupo representa a los solicitantes para un puesto de trabajo; el tercer grupo se encargará de adiestrar a los solicitantes admitidos para ocupar el puesto.**

   El grupo de estudiantes que representa a los solicitantes para un empleo, asigna una profesión a cada miembro del grupo. Los otros dos grupos van a entrevistar y adiestrar respectivamente a todos y cada uno de los solicitantes.

   Algunas ocupaciones a considerar son: mecánico de automóviles, contable, asesor fiscal, profesor de universidad, escultor, pintor de brocha gorda, director de personal, programador de ordenadores, peón de albañil, empleado de una agencia de viajes, político, etc.

La publicidad

Lección 11

1. El uso de la agencia de publicidad
2. La promoción de ventas de un producto nuevo
3. Los medios publicitarios en español

1 *El uso de la agencia de publicidad*

Las arañas hacen su tela en la caja registradora o contadora de los negocios que no se anuncian. La frase es bastante antigua, y es casi seguro que usted la haya oído frecuentemente, pero ya no es cierta. Hoy, los negocios que no se anuncian, quiebran... y los acreedores cargan hasta con la caja registradora.

Las empresas grandes y medianas hacen su publicidad a través de compañias publicitarias. Sin embargo, la mayor parte de los pequeños negocios consideran que las nuevas técnicas desarrolladas por las empresas publicitarias no están a su alcance. Esto es un error; las grandes compañías pueden hacer más propaganda, pueden comprar más espacio en los periódicos y revistas o más tiempo en la radio o la televisión, pero no es seguro que puedan adquirir mejores servicios de publicidad que los pequeños negocios.

Si Ud. compra una plana de un periódico, o un espacio de 30 segundos en la radio, a través de una empresa publicitaria, no le cuesta más que si Ud. lo hubiera comprado directamente. Los servicios de la agencia son cargados al medio publicitario utilizado. Quizás la gran firma publicitaria en que usted había pensado, no esté interesada en su cuenta, pero son precisamente las pequeñas empresas, que están empezando, las que más interés pondrían en su éxito.

La efectividad de un anuncio está determinada por su calidad, no por su tamaño o cantidad. Un anuncio de unas pocas pulgadas en una página interior del diario local, atractivo, interesante, sugerente, puede vender más, proporcionalmente, que otro anuncio aburrido o mal orientado, que ocupa toda una plana.

Los televidentes estamos cansados de ver anuncios tediosos que nos hacen cambiar de canal y hasta nos crean una mala voluntad contra el producto que se supone que anuncian. Sin embargo, quizás esos anuncios fueron preparados por grandes agencias publicitarias.

Quienes hacen los anuncios

Los *redactores de textos* (copywriters) producen la mayor parte de las ideas publicitarias. Ellos son los encargados de escribir los textos de los anuncios impresos y de los *comerciales* de la radio y la televisión.

Los *dibujantes comerciales* (artists) diseñan las ilustraciones de los anuncios que usted ve impresos o en la televisión.

Los *técnicos de radio y televisión* incluyen camarógrafos, luminotécnicos, productores, modistos, diseñadores, maquilladores, técnicos de sonido y efectos especiales, etc.

Los *agentes publicitarios* (media experts) compran y venden espacio o tiempo en los medios publicitarios (periódicos, revistas, radio, televisión, etc.)

Los *investigadores de mercado* (public opinion researchers) recogen y analizan información acerca de lo que el público compra y por qué. Las *investigaciones de mercado* (polls) son uno de los principales medios de investigación usados por ellos.

Los *ejecutivos* planean, dirigen y supervisan las compañas de publicidad.

VOCABULARIO

ADJETIVOS

atractivo(a) attractive
cansado(a) tired
cargado(a) charged
mediano(a) medium-sized
orientado(a) positioned
publicitario(a) advertising
sugerente thought-provoking
tedioso(a) boring, tedious

NOMBRES

el **acreedor** creditor
el **anuncio** announcement, ad
la **araña** spider
la **caja contadora** cash register
la **caja registradora** cash register
la **efectividad** effectiveness
el **error** error, mistake
la **frase** phrase
la **plana** page

la **propaganda** advertising
la **pulgada** inch
la **radio** radio
el **televidente** television viewer

OTRAS PALABRAS Y FRASES

a su alcance within reach
directamente directly
mala voluntad ill will
medio publicitario advertising medium
no es cierto it isn't true
proporcionalmente proportionally
la tela de araña spider's web

VERBOS

anunciar to advertise
cargar to carry
quebrar to go bankrupt

PRIMER PASO: Comprensión

Combine los elementos de la primera columna con los de la segunda.

1. Las arañas hacen su tela _____

2. Los negocios que no se anuncian _____

3. Las empresas grandes y medianas hacen _____

4. Las grandes compañías pueden comprar _____

5. No es seguro que las grandes compañías puedan _____

6. La mayor parte de los pequeños negocios consideran que _____

7. Los servicios de las agencias publicitarias son cargados _____

8. Unas pocas pulgadas en una página interior del diario pueden vender más que _____

a. las nuevas técnicas desarrolladas por las empresas publicitarias no están a su alcance.

b. adquirir mejores servicios de publicidad.

c. más tiempo en la radio y la televisión.

d. al medio publicitario utilizado.

e. su publicidad a través de compañías publicitarias.

f. un anuncio aburrido o mal orientado, que ocupa toda una plana.

g. en la caja registradora de los negocios que no se anuncian.

h. quiebran.

SEGUNDO PASO: Asimilación

Conteste las siguientes preguntas.

1. La frase, «Las arañas hace su tela en la caja registradora de los negocios que no se anuncian» es un anuncio. ¿De qué?

    ....

    ....

    ....

2. ¿Qué les pasa a los negocios que no se anuncian?

    ....

    ....

3. Mencione algunos de los medios publicitarios empleados por las grandes empresas.

    ....

    ....

    ....

4. ¿Cuánto más cuesta un anuncio si se hace a través de una agencia publicitaria?

    ....

    ....

    ....

5. ¿A quiénes se cargan los servicios de las agencias publicitarias?

    ....

    ....

    ....

6. ¿Qué determina la efectividad de un anuncio?

    ....

    ....

7. ¿Qué condiciones debe tener un anuncio para vender más?

    ....

    ....

8. ¿Qué efecto nos producen los anuncios tediosos?

    ....

    ....

REPASO DE ALGUNAS ESTRUCTURAS GRAMATICALES

Los tiempos compuestos del subjuntivo.

Vuelva a escribir las siguientes oraciones, comenzándolas en la forma indicada.

1. Usted ha oído decir que los negocios que no se anuncian quiebran.

   Quizás ....

   ....

2. Los proveedores han cargado hasta con la caja registradora.

   Ojalá que ....

   ....

3. Ellos habían pensado que las nuevas técnicas publicitarias estaban a su alcance.

   Dudo que ....

   ....

4. La pequeña empresa había comprado más espacio en los periódicos y revistas.

   Era imposible que ....

   ....

   ....

5. Hemos tenido que cambiar de canal.

   Es una lástima que ....

   ....

   ....

6. Las arañas habían hecho su tela en la caja registradora.

   No era cierto que ....

   ....

7. Las grandes compañías han podido comprar más tiempo en la radio y en la televisión.

   Supongo que ....

   ....

8. El anuncio había creado una mala voluntad contra el producto.

   Negó que ....

   ....

1. **Usted trabaja para una empresa publicitaria. Traduzca los siguientes anuncios para su publicación en periódicos de los Estados Unidos:**

   A.

   ### 8 DÍAS EN ESPAÑA POR SÓLO $948

   Incluye:

       Pasaje de ida y vuelta en avión
       Asistencia en el aeropuerto
       Traslados aeropuerto-hotel-aeropuerto
       Hoteles de primera categoría a base de dos personas por habitación
       Recorrido por la ciudad

                   Agencia de Viajes
                   Alcalá SA

   La seriedad y experienca de nuestra agencia son su mejor garantía.
   Pida gratis nuestro folleto *España Ahora*.

....

....

....

....

....

....

....

....

....

....

....

....

....

....

....

B.

> Pase su viaje de negocios o vacaciones viajando por España
>
> AUTOS RODRÍGUEZ
>
> Alquiler de automóviles con o sin conductor
> El último modelo de su marca preferida a precios razonables
> Servicio día y noche
> Cinco por ciento de descuento si presenta este anuncio
>
> Gran Vía, 147. Teléfono 4322187. Madrid, España

....

....

....

....

....

....

....

....

....

....

2. Traduzca varios anuncios de productos americanos para ser publicados en periódicos de América Latina (anuncios de hoteles, de productos alimenticios, de calculadores, etc.).

....

....

....

....

....

....

2 La promoción de ventas de un producto nuevo

Todos los días son lanzados al mercado cientos de productos nuevos. Muchos de ellos, aunque son buenos y baratos, fracasan. Mientras tanto, otros de inferior calidad y más caros, alcanzan un volumen de ventas espectacular. Estamos seguros de que muchos de esos productos no hubieran fracasado si sus promotores hubieran hecho una investigación de mercados antes de decidirse a producirlos.

Antes de lanzar un producto nuevo al mercado debemos estar seguros de que:

1. Exista un mercado potencial para el nuevo producto.

2. El producto sea tan bueno, mejor, más conveniente, más barato, o esté mejor presentado que los productos similares que ya sean conocidos en el mercado.

3. Los consumidores a quienes pueda interesar el producto, tengan la capacidad económica para comprarlo.

4. La fábrica pueda incrementar o disminuir la producción del producto, y sepamos los costes a distintos niveles de producción.

5. Contemos con los recursos indispensables para hacer las campañas de publicidad y de promoción necesarias.

6. Los vendedores de la casa conozcan el producto y lo hayan comparado, en todos los aspectos, con los productos del mismo tipo que hubiese en el mercado.

7. Hayamos escogido el canal de distribución más conveniente y prometedor para llevar nuestro producto a los posibles consumidores.

8. Nuestro producto y su comercialización cumplan los requisitos legales exigidos en su caso. Esto será importante cuando se trate de productos alimenticios u otros que puedan afectar o poner en peligro la salud del público.

Una vez garantizadas las cualidades mencionadas, debemos asegurar que el cliente potencial conozca nuestro producto. Para ello utilizaremos una campaña publicitaria concebida y diseñada para diferenciar nuestro producto de sus competidores y destacar sus características particulares.

VOCABULARIO

ADJETIVOS

alimenticio(a) foodstuff
concebido(a) conceived
conveniente suitable, advantageous
diseñado(a) designed
espectacular spectacular
particular peculiar
presentado(a) presented
prometedor(a) promising
similar similar

NOMBRES

la **casa** firm
el **competidor** competitor

el **promotor** promoter
la **salud** health

OTRAS PALABRAS Y FRASES

cuando se trate de in the case of
el nivel de producción production level

VERBOS

asegurar to guarantee
destacar to point out
escoger to choose
incrementar to increase
lanzar to launch

PRIMER PASO: Comprensión

Seleccione la frase que mejor complete cada una de las oraciones siguientes.

1. Todos los días salen al mercado
   a. canales de distribución más convenientes.
   b. productos alimenticios que pueden afectar la salud del público.
   c. cientos de productos nuevos.

2. Muchos productos nuevos fracasan porque
   a. son buenos y baratos.
   b. sus promotores no hicieron una investigación de mercados.
   c. alcanzan un volumen de ventas espectacular.

3. Antes de lanzar un producto al mercado debemos estar seguros de que
   a. exista un mercado potencial para el producto.
   b. en el mercado haya otros productos de inferior calidad y más caros.
   c. los productos similares no sean conocidos en el mercado.

4. Debemos estar seguros de que los consumidores a quienes pueda interesar el producto
   a. conozcan otros productos similares.
   b. conozcan nuestras campañas publicitarias.
   c. tengan la capacidad necesaria para comprarlo.

5. Cuando se trate de productos alimenticios u otros que puedan afectar la salud del público, es importante que
   a. cumplamos los requisitos legales exigidos en su caso.
   b. hayamos escogido el canal de distribución más conveniente.
   c. comparemos nuestros productos con los productos de inferior calidad.

6. Es necesario que los vendedores de la casa conozcan el producto y lo hayan comparado con
   a. los productos buenos y baratos.
   b. los productos del mismo tipo que hubiera en el mercado.
   c. los productos que no hayan fracasado.

7. Para asegurarnos de que el cliente potencial conozca nuestro producto debemos
   a. asegurarnos de que nuestro producto sea tan bueno como los de nuestros competidores.
   b. averiguar los costes a distintos niveles de producción.
   c. hacer una campaña publicitaria.

8. Para que un producto triunfe en el mercado es necesario
   a. que sea barato aunque sea de inferior calidad.
   b. que sea tan bueno, mejor, más conveniente, más barato, o que esté mejor presentado que los productos similares.
   c. que los productos competidores sean caros y de inferior calidad.

SEGUNDO PASO: Asimilación

Conteste las siguientes preguntas.

1. ¿Por qué fracasan muchos productos buenos y baratos?

   ....

   ....

185

2. ¿Qué cualidades debe tener un producto para triunfar?

....

....

3. ¿Qué tipo de consumidor necesitamos para que nuestro producto triunfe?

....

....

....

4. ¿Qué debe poder hacer la fábrica?

....

....

5. ¿Qué costes debemos saber?

....

....

6. ¿Qué necesitamos para poder hacer la campaña de promoción y la publicidad necesaria?

....

....

....

7. ¿Qué deben conocer los vendedores de la casa?

....

....

8. ¿En qué productos es muy importante cumplir los requisitos legales? ¿Por qué?

....

....

....

9. ¿Qué canal de distribución debemos escoger?

....

....

10. ¿Qué debemos tratar de lograr con la campaña publicitaria?

....

....

....

TERCER PASO: Aplicación

Usted es distribuidor de los productos de la firma AMWAY. Como tal usted está interesado en conseguir y patrocinar a otros distribuidores. Hoy se entrevista con la Sra. Fernández, quien no habla inglés. Explíquele lo siguiente:

"You can begin building your business in any of several ways. You can merchandise products to your friends, neighbors, and relatives. You can also sponsor others as distributors and train them to merchandise products. It's not important what you do first, as long as you do both. Merchandising products and sponsoring others is the way you build a truly successful business." (*Copyright Amway Corporation, U.S.A. 1985. Used with permission.*)

3 *Los medios publicitarios en español*

El número creciente de hogares de los Estados Unidos en que se habla el español como primera lengua, ha hecho que florezcan los medios de comunicación masiva en dicho idioma. Estos medios de comunicación masiva están sostenidos, principalmente, por anunciantes que consideran que los hispanos son un mercado de consumo especializado, que es más fácil de penetrar empleando su propio idioma.

La televisión es, hasta ahora, el mejor vehículo para llegar a los hogares hispánicos. Hay canales de televisión en español en muchas ciudades americanas, pero la gran empresa que domina el sector es la Cadena Nacional Hispana de Televisión —Spanish International Network (SIN)— de propiedad méxico-americana. La empresa radica en Los Angeles y allí opera su estación matriz, la KMEX-TV, canal 34. La cadena tiene más de 100 estaciones afiliadas en todo el territorio de los Estados Unidos, y transmite programas originados en distintas ciudades de Estados Unidos, en varios países de América Latina y en España.

La radio es el segundo vehículo publicitario en importancia para el mercado hispánico. Prácticamente podemos recorrer casi todos los Estados Unidos sintonizando en la radio de nuestro automóvil alguna estación de habla española. La radio y la televisión tienen gran importancia para la publicidad hispana porque en gran número de hogares hispanos hay alguien que no habla inglés bien, o que no lee el español pero lo entiende.

Los periódicos en español son, en la mayoría de los casos, pequeñas empresas surgidas más para defender causas políticas o sociales que como medios publicitarios. Quizás la excepción más notable es El Diario de las Américas, un periódico propiedad de colombianos que se publica en Miami.

Con las revistas sucede lo mismo que con los periódicos: se publican centenares de ellas, pero casi todas son vehículos ideológicos y no medios publicitarios. Una excepción notable la constituyen las publicaciones de Editorial América, pues sus revistas están destinadas al hispano considerado como consumidor. Entre estas revistas, la de mayor éxito es VANIDADES, una antigua revista cubana comprada por la empresa en 1966. Las demás publicaciones de la editora, con excepción de HOMBRE DE MUNDO, son versiones de revistas americanas: Buen Hogar, Bazar, Mecánica Popular, etc. son prácticamente traducciones de las revistas de nombre equivalente en inglés. Cosmopolitan en español, sin embargo, es una versión mucho más conservadora de la revista americana. Todas estas revistas circulan tanto en los Estados Unidos como en México, Venezuela, Centroamérica, Panamá y las Antillas de habla española. Todas se publican en Miami usando las más modernas técnicas de impresión. Otra revista del mismo tipo, pero no de la misma empresa, es REPLICA, que cuenta con una buena circulación. Otra revista excepcional es MIAMI MENSUAL. Se trata de una revista destinada a la escasa minoría en el más alto nivel económico.

VOCABULARIO

ADJETIVOS

conservador(a) conservative
creciente growing
destinado(a) intended for
excepcional exceptional
ideológico(a) ideological
matriz principal
originado(a) created, produced
publicitario(a) advertising
surgido(a) appeared, created

NOMBRES

un **centenar** one hundred
el **canal** channel
la **circulación** circulation
la **impresión** printing
el **vehículo** vehicle

OTRAS PALABRAS Y FRASES

medios de comunicación masiva mass media
causas políticas o sociales political or social issues

VERBOS

circular to circulate
defender to support
dominar to dominate
florecer to thrive, to prosper, to flourish
operar to operate
penetrar to penetrate, to permeate
radicar to be settled
recorrer to travel, to run over
sintonizar to tune in
transmitir to broadcast

PRIMER PASO: Comprensión

¿Verdadero o Falso?

Escriba una *V* o una *F*, según corresponda.

1. Los hispanos son un mercado de consumo especializado. _____

2. Los periódicos son el mejor vehículo para llegar a los hogares hispánicos. _____

3. La *Spanish International Network* (*SIN*) es la mayor empresa de televisión hispana en los Estados Unidos. _____

4. La Cadena Nacional Hispana de Televisión tiene más de cien estaciones afiliadas en los Estados Unidos. _____

5. Todos los programas de la Cadena Nacional Hispana de Televisión se originan en Los Angeles. _____

6. El segundo vehículo publicitario en importancia para el mundo hispánico es la radio. _____

7. En gran número de hogares hispanos hay personas que no leen el español. _____

8. El Diário de las Américas es propiedad de cubanos. _____

9. La mayor parte de las revistas hispanas son vehículos ideológicos más que publicitarios. _____

10. La revista Hombre de Mundo es una versión en español de una revista americana. _____

SEGUNDO PASO: Asimilación

Conteste las siguientes preguntas.

1. ¿Por qué han florecido los medios de comunicación masiva en español?

   ....

   ....

2. ¿Cuál es el mejor vehículo para llegar a los hogares hispanos?

   ....

   ....

3. ¿Dónde radica la empresa propietaria de la Cadena Nacional Hispana de Televisión?

   ....

   ....

4. ¿Dónde se originan los programas transmitidos por la Cadena Nacional Hispana de Televisión?

   ....

   ....

5. ¿Por qué la televisión y la radio son los vehículos publicitarios de mayor importancia para el mercado hispánico?

   ....

   ....

6. ¿Cuál es el objetivo de la mayoría de los periódicos en español?

   ....

   ....

7. ¿Cuáles son algunas de las publicaciones de la Editorial América?

   ....

   ....

8. ¿Qué diferencia hay entre la revista *Cosmopolitan* en inglés y su versión en español?

    ....

    ....

9. ¿A qué cree usted que se debe esa diferencia?

    ....

    ....

10. ¿A qué sector de la población está destinada la revista *Miami Mensual*?

    ....

    ....

TERCER PASO: Aplicación

Redacte anuncios para la televisión y la radio para promover la venta de los siguientes productos: (escoja usted la marca)

1. automóviles, camiones, etc.
2. televisores, radios, grabadoras, etc.
3. ropas y zapatos
4. alimentos y bebidas
5. jabones, pasta de dientes, perfumes, etc.
6. detergentes, insecticidas y otros artículos de uso doméstico

Prepárese para actuar como locutor encargado de leer sus anuncios ante el micrófono. Si lo desea puede preparar con alguno de sus compañeros un anuncio dialogado.

Los hispanos en los Estados Unidos desde el punto de vista económico

Lección 12

1. El consumidor hispano
2. La fuerza de trabajo hispana
3. Los hispanos como promotores de negocios

1 *El consumidor hispano*

Según predice la Oficina del Censo, los hispanos serán el grupo minoritario más numeroso de los Estados Unidos para finales del próximo decenio. Desde el punto de vista económico estos hispanos merecen atención como grupo consumidor, como fuerza de trabajo y como promotores de negocios.

Los hispanos son un grupo consumidor especializado, porque mantienen muchas de sus costumbres y tradiciones y porque, en la mayoría de los casos, continúan hablando español, por lo menos en sus hogares. De ahí que muchos prefieran comprar en los comercios en donde saben que se habla el español.

Quienes viven en los estados del suroeste, o los visitan, saben que los mexicanos y sus descendientes no solamente continúan comiendo sus comidas típicas sino que han impuesto sus gustos al público en general. Igual sucede, en menor escala, con los cubanos en el sur de Florida y en New Jersey, y con los puertorriqueños en este último estado y en Nueva York.

Visitemos los supermercados de estas áreas y encontraremos tortillas,[1] chile con carne, frijoles refritos, salsas picantes y otras delicias de la comida mexicana; o frijoles negros, habichuelas coloradas,[2] chorizos, tasajo, dulces en almíbar, aceite de oliva, etc., de la cocina antillana. Si miramos las etiquetas de estos productos, veremos que la mayoría no son importados sino que son producidos en el país, y no solamente por pequeñas industrias de propietarios hispanos sino también por grandes corporaciones norteamericanas, las cuales han comprendido la importancia comercial de los nuevos renglones.

Para promover las ventas de éstos y otros productos en su mercado natural se crearon, hace muchos años, pequeñas compañías publicitarias hispanas. Su éxito y el creciente poder económico de la minoría hispana, han llevado a muchas grandes empresas publicitarias a establecer departamentos especializados en la publicidad en español.

Por otra parte, grandes corporaciones americanas, como la Sears, desde hace varios años editan una versión en español de sus catálogos, y hasta las compañías telefónicas de muchas ciudades publican directorios con las páginas amarillas y otras secciones en español.

---

[1] **tortilla** *Cornmeal cake* (en México y parte de América Central); *omelet* (en España y resto de América Latina).
[2] Los puertorriqueños dan el nombre de **habichuelas coloradas** a lo que los cubanos llaman **frijoles colorados.** Para los cubanos las habichuelas son los *string beans.*

VOCABULARIO

ADJETIVOS

minoritario(a) minority
numeroso(a) numerous
producido(a) produced

NOMBRES

el **aceite de oliva** olive oil
el **catálogo** catalog
el **chorizo** pork sausage
el **comercio** store
la **corporación** corporation
el **decenio** decade
las **delicias** delicacies
el **descendiente** descendant
el **directorio** phone book, directory
la **escala** scale
la **etiqueta** label
el **supermercado** supermarket
el **suroeste** southwest
el **tasajo** beef jerky

la **versión** translation, version

OTRAS PALABRAS Y FRASES

antillano of the Antilles
la compañía telefónica telephone company
los dulces en almíbar preserved fruit
los frijoles refritos refried beans
la fuerza de trabajo labor force
las habichuelas coloradas red beans
la oficina del censo de EE.UU. U.S. Bureau of the Census
las páginas amarillas yellow pages
las salsas picantes hot sauces

VERBOS

editar to publish
merecer to deserve
predecir to forecast

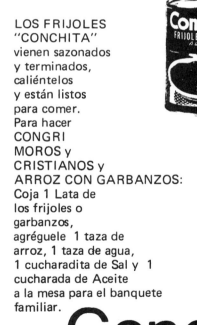

PRIMER PASO: Comprensión

¿Verdadero o Falso?

Escriba una *V* o una *F*, según corresponda.

1. Para finales del próximo decenio los hispanos serán el grupo minoritario más numeroso de los Estados Unidos. _____

2. Los hispanos son un grupo consumidor especializado. _____

3. Los hispanos olvidan pronto sus costumbres y tradiciones. _____

4. Los mexicanos continúan comiendo sus comidas típicas. _____

5. El chile con carne y los frijoles refritos son comidas típicas de Cuba. _____

6. La mayoría de los alimentos que consumen los hispanos de los Estados Unidos son importados. _____

7. Desde hace muchos años se crearon pequeñas publicitarias hispanas en los Estados Unidos. _____

8. La Sears publica una versión en español de sus catálogos. _____

9. Las compañías telefónicas de muchas ciudades publican directorios con algunas secciones en español. _____

10. Algunas grandes corporaciones americanas tienen departamentos especializados en la publicidad en español. _____

SEGUNDO PASO: Asimilación

Conteste las siguientes preguntas.

1. ¿Por qué los hispanos merecen atención como grupo consumidor?

   ....

   ....

2. Mencione algunas delicias de la cocina mexicana.

   ....

   ....

3. Mencione algunas delicias de la comida antillana.

   ....

   ....

4. ¿Dónde se produce la mayoría de los productos especializados consumidos por los hispanos?

   ....

   ....

5. ¿Por qué algunas grandes corporaciones norteamericanas han empezado a producir estos productos especializados?

....

....

6. ¿Qué hicieron los hispanos para promover la venta de sus productos?

....

....

7. ¿Por qué algunas grandes empresas publicitarias americanas han establecido departamentos especializados en la publicidad en español?

....

....

....

8. ¿Qué hacen las compañías telefónicas de muchas ciudades de los Estados Unidos?

....

....

9. En este país, ¿quiénes se encargan de la publicidad televisada en español?

....

....

10. ¿Por qué algunas grandes empresas como la Sears publican versiones de sus catálogos en español?

....

....

2 *La fuerza de trabajo hispana*

Usted, como hombre o mujer de negocios, no solamente debe interesarse por los hispanos como clientes y consumidores, sino también como fuerza de trabajo productora.

La fuerza laboral puertorriqueña en Nueva York

Desde hace muchos años la principal industria de Nueva York, desde el punto de vista del número de sus empleados, es la industria de la aguja, la cual ha sido, tradicionalmente, fuente de trabajo de cientos de miles de inmigrantes. A partir de la Segunda Guerra Mundial, los puertorriqueños recién llegados cubren los puestos abandonados por otros inmigrantes anteriores cuyos hijos, que han recibido una educación superior, desdeñan el trabajo en las fábricas, a las que llaman impropiamente «factorías».

Actualmente, el alto porcentaje de desempleo entre los puertorriqueños residentes en Nueva York se debe, entre otras causas, al traslado de gran parte de la industria de las confecciones para el sudeste asiático, la India y América Latina, a donde han ido en busca de mano de obra barata, de menores exigencias en cuanto a condiciones de trabajo, y de menos leyes y reglamentos para la protección de los obreros.

Después de la industria de la aguja, como comunmente se llama a la industria del vestido y sus accesorios, el sector de servicios en hoteles y restaurantes es el que más oportunidades de trabajo ofrece a los nuevos inmigrantes. En la primera generación el 40% de los hombres y el 66% de las mujeres de Puerto Rico trabajan como operarios en las fábricas y el 15% del total en hoteles y restaurantes; pero en la segunda generación, es decir, en la de los nacidos aquí, ya el 17% de los hombres trabaja como obreros especializados o capataces y otros tantos en oficinas, mientras que el 43% de las mujeres trabaja en oficinas y más de un 8% del total son profesionales.

Los trabajadores agrícolas de origen mexicano

Todos sabemos que la riqueza agrícola de California y de otros estados del suroeste se mantiene por la mano de obra barata que ofrecen los inmigrantes mexicanos y un porcentaje, cada vez menor, de sus descendientes; pero pocos conocen que aún en los estados del norte los mexicanos forman un porcentaje significativo de la fuerza laboral agrícola.

En los momentos de crisis económica los sindicatos obreros organizados de los Estados Unidos piden medidas para limitar la inmigración, sobre todo de los llamados indocumentados; pero por lo general reciben poco apoyo de sus afiliados quienes no están dispuestos a aceptar los duros y mal remunerados trabajos agrícolas, aún cuando las condiciones de estos trabajadores han mejorado bastante en los últimos años gracias a la lucha de sus líderes, algunos de los cuales, como el chicano César Chávez, han ganado un justo reconocimiento nacional.

VOCABULARIO

ADJETIVOS

abandonado(a) vacated
asiático(a) Asian
desempleado(a) unemployed
justo(a) just
mejorado(a) improved
nacido(a) born
remunerado(a) paid
residente resident
significativo(a) significant

NOMBRES

el **afiliado** member
el **apoyo** support
el **capataz** foreman
la **exigencia** demand
la **generación** generation
los **indocumentados** undocumented workers
la **inmigración** immigration
el **inmigrante** immigrant
el **líder** leader

la **lucha**   struggle
el **operario**   worker, operator
el **porcentaje**   percentage
la **protección**   protection
el **reconocimiento**   recognition
el **reglamento**   regulation
el **traslado**   move, transfer

OTRAS PALABRAS Y FRASES

comunmente   commonly
las condiciones de trabajo   working
  conditions

en busca de   in search of
la industria de la aguja   clothing industry
la industria del vestido   garment industry
recién llegados   just arrived

VERBOS

deberse a   to be due to
desdeñar   to scorn, to despise

PRIMER PASO: Comprensión

Combine los elementos de la primera columna con los de la segunda.

1. Principal industria de Nueva York desde el punto de vista del número de sus empleados es _____

2. Industria de la aguja es _____

3. Los hijos de los inmigrantes que han recibido una educación superior _____

4. Por lo general los afiliados a los sindicatos _____

5. Ofrece muchas oportunidades a los inmigrantes _____

6. En la primera generación el 40% de los hombres y el 66% de las mujeres _____

7. La segunda generación _____

8. En la segunda generación ya el 17% de los hombres _____

9. Mantienen la riqueza agrícola de California y de otros estados del suroeste _____

10. En los momentos de crisis económica los sindicatos obreros de los Estados Unidos _____

a. desdeñan el trabajo en las fábricas.

b. el sector de servicios a hoteles y restaurantes.

c. la de los nacidos aquí.

d. industria de la aguja.

e. la mano de obra barata que ofrecen los inmigrantes mexicanos.

f. fuente de trabajo de cientos de miles de inmigrantes.

g. piden medidas para limitar la inmigración.

h. no están dispuestos a aceptar los trabajos agrícolas.

i. trabajan como operarios en las fábricas.

j. trabajan como obreros especializados o capataces.

SEGUNDO PASO: Asimilación

Conteste las siguientes preguntas.

1. ¿Cuál es la primera industria de Nueva York desde el punto de vista del número de sus empleados?

   ....

   ....

2. ¿Qué puestos cubrieron los puertorriqueños a partir de la Segunda Guerra Mundial? ¿Por qué?

   ....

   ....

3. ¿A qué se llama industria de la aguja?

   ....

   ....

4. Después de la industria de la aguja, ¿cuál es el sector que más oportunidades de trabajo ofrece a los nuevos inmigrantes?

   ....

   ....

5. ¿Dónde trabaja la mayoría de las mujeres puertorriqueñas recién llegadas?

   ....

   ....

6. ¿Quiénes mantienen con su trabajo la riqueza agrícola de California y otros estados del suroeste?

   ....

   ....

7. ¿Qué hacen los sindicatos obreros de los Estados Unidos en momentos de crisis económica?

   ....

   ....

8. ¿Por qué los afiliados dan poco apoyo a los sindicatos en relación con la inmigración de trabajadores mexicanos?

   ....

   ....

9. ¿Por qué han mejorado las condiciones de los trabajadores agrícolas mexicanos en los últimos años?

   ....

   ....

10. ¿Quién es César Chávez?

....

....

TERCER PASO: Aplicación

1. Prepare, para su supervisor, una versión en inglés del siguiente informe.

Informe sobre San Antonio, Texas

La ciudad de San Antonio es la décima en población de los Estados Unidos con casi un millón de habitantes y es la más grande en que los latinos son la mayoría de la población.

La influencia de los latinos se encuentra en todas partes: en la arquitectura de los edificios, en los nombres de las calles, en los gustos de la gente en comida, diversión, y compra, y en la administración de la ciudad. Recientemente, la influencia de los latinos en la administración pública ha aumentado mucho: en ocasiones, la mitad del Consejo Municipal ha sido de origen hispano e incluso ha habido alcaldes con el mismo origen.

....

....

....

....

....

....

....

....

2. Traduzca al español este informe de _The Sánchez Food Distribution Co._

The Sánchez Food Distribution Co. sells a line of 50 Hispanic specialty foods to grocery stores. Despite its $100 million in sales last year, the company operates with a personal touch. Its 150 salesmen deal directly with their 8,200 grocery-store clients and pay special attention to the small family-owned shops in the Hispanic neighborhoods. The company does not translate English advertisements but produces its own Spanish-language advertising that often appeals to traditional values. There is great market potential since the Hispanic population is growing at a rate faster than any other minority group.

....

....

....

....

....

....

....

....

3 *Los hispanos como promotores de negocios*

Aunque muchos piensan que los negocios propiedad de hispanos se limitan a industrias de productos típicos, y a comercios y empresas destinados a servir a la comunidad hispana, lo cierto es que los hispánicos han promovido en este país negocios de todo tipo, y que son muchos los que han tenido éxito. Sin embargo, este éxito pasa a veces inadvertido pues muchos de los negocios hispanos han adoptado nombres en inglés, unos para apelar a los consumidores anglos y otros por temor a ser discriminados.

Una de las mayores empresas hispanas en los Estados Unidos, Goya Foods, se ajusta bien al patrón más conocido de los negocios hispanos: es una empresa productora y distribuidora de alimentos típicos. Su fundador, don Prudencio Unanue, un español que trabajó en Puerto Rico en varias tiendas, llegó a Nueva York en 1930. Allí comenzó a importar aceite de oliva y sardinas para la colonia hispana. Poco después compró el nombre Goya a otra empresa y, en 1949, estableció su primera planta envasadora de alimentos en Puerto Rico. Al fallecer, el Sr. Unanue dejó sus bienes a sus 18 nietos. Uno de ellos, Joseph, dirige ahora las operaciones de la firma en los Estados Unidos. Actualmente, la empresa da trabajo a más de 1.200 empleados, tiene ventas anuales por más de $200 millones, y produce o distribuye más de 300 tipos de alimentos.

José y Alfonso Fanjul son hoy los mayores productores de caña de azúcar de la Florida. Para los Fanjul el cultivo de la caña es una tradición. Cuando Castro confiscó los bienes de la familia en Cuba, los Fanjul se trasladaron a la Florida y continuaron en el mismo negocio. Recientemente, adquirieron las plantaciones cañeras de la *Gulf and Western Industries* en la Florida—unos 90.000 acres de valiosas tierras—y todas las propiedades de la firma en la República Dominicana— entra ellas, el *Central Ramona*, una gigantesca fábrica de azúcar, y más de 200.000 acres de tierra.

También huyendo del comunismo llegó a este país Remedios Díaz de Oliver, directora de la *Havana Business Academy* hasta que Castro confiscó las escuelas privadas en Cuba. En 1976, la Sra. Díaz estableció en California su propia firma, la *American International Containers, Inc.*, para la producción de botellas y otros envases. Aunque su negocio es mucho más pequeño que el de los Unanue y los Fanjul, hoy cuenta entre sus clientes a la Coca-Cola, la Pepsi-Cola, la Colgate-Palmolive y otras grandes empresas.

Alexander Arroyos es un ejemplo típico del hombre que se levanta por su propio esfuerzo. Empezó trabajando como mensajero en una firma de corredores de aduana y llegó a ser su vice-presidente. Más tarde, estableció su propia compañía, *Dynamic Ocean Services International*. Su éxito fue tan grande que hoy es dueño de otras cinco grandes empresas en cuyos nombres casi siempre aparece la palabra «Dynamic», tal vez porque «dinámico» es quizás el adjetivo que mejor califica a su dueño.

Otro ejemplo de hombre que se levanta por su propio esfuerzo es Sergio Bañuelos. En 1978 era dueño de talleres de reparación de automóviles. Los vendió y, en sociedad con un hermano y un sobrino, abrió el Mercado Cali-Mex en San Isidro, un pequeño pueblo al sur de San Diego, CA. Hoy el grupo familiar controla siete supermercados y Sergio, por su cuenta, ha entrado en dos negocios más: una cadena de restaurantes mexicanos de comida al minuto, y un negocio de importación y exportación. Además, el Sr. Bañuelos es actualmente presidente de la Cámara de

Comercio Hispánica de California, una organización que representa a unos 5.000 negocios locales propiedad de hispánicos.

Frank Domínguez, un mexico-americano de San Bernardino, CA, es el feliz propietario de *Vanir Group, Inc.*, una empresa con intereses que van desde la construcción de viviendas hasta la televisión por cable.

Barrientos & Associates, una firma constructora de puentes con sede en Madison, WI, es propiedad del Sr. Julián A. Barrientos, un boliviano que vino a este país a estudiar con una beca del Departamento de Estado.

International Medical Centers (IMC) es una organización para el cuidado de la salud (HMO). Miguel Recarey Jr. compró el negocio hace unos diez años y, con su llamado *Gold Plus Plan* ha multiplicado varias veces el valor de la empresa.

Otra idea ingeniosa la tuvo Angel Echevarría, un puertorriqueño que se ha hecho millonario en Los Angeles produciendo y vendiendo los colchones *Somma,* mitad cama de agua, mitad colchón tradicional.

José Saumat, un cubano exiliado, no puso en práctica ninguna idea nueva, sino mayor habilidad en un negocio tradicional. Su firma, *Kaufman & Roberts* distribuye electrodomésticos en sus 22 tiendas del sur de la Florida. La empresa nunca tuvo un socio llamado Kaufman o Roberts; el nombre lo inventó el Sr. Saumat, no sabemos si para atraer a los anglos o para darle a su negocio la aureola de prestigio y eficiencia que sus compatriotas conceden a las empresas americanas.

La anterior es una pequeña muestra de la variedad y éxito de los negocios hispanos en este país. Una lista completa incluiría unos 250.000 negocios, desde empresas gigantes, como la Bacardí Imports, hasta pequeños negocios familiares.

VOCABULARIO

ADJETIVOS

aparente apparent
cañero(a) sugarcane
constructor(a) building, construction
costoso(a) expensive
dental dental
discriminado(a) discriminated
exilado(a) exiled
fallecido(a) deceased
familiar family
feliz happy
gigantesco(a) gigantic
médico(a) medical
tradicional traditional

NOMBRES

el **adjetivo** adjective
los **bienes** property, wealth
la **cama de agua** waterbed
el **colchón** mattress
el **comunismo** Communism
la **consulta** consultation
el **cuidado** care
el **electrodoméstico** household appliance

la **hospitalización** hospitalization
la **línea** line
la **medicina** medicine
el **mensajero** messenger
el **millonario** millionaire
la **muestra** sample
el **nombre** name
la **optometría** optometry
la **sede** headquarters
el **socio** partner
la **televisión por cable** cable television
la **vivienda** apartment, housing

OTRAS PALABRAS Y FRASES

por temor a for fear of

VERBOS

adoptar to adopt
apelar to have recourse to
calificar to describe
confiscar to confiscate
despedir to fire, to dismiss
trasladarse to move to

PRIMER PASO: Comprensión

Identifique la empresa de qué hablamos.

1. International Medical Center   2. Vanir Group, Inc.   3. Kaufman & Roberts

4. Goya Foods   5. Barrientos & Associates   6. Dynamic Ocean Services International

7. Central Ramona   8. American International Containers, Inc.

1. Es una empresa productora y distribuidora de productos típicos. _____

2. Es una gigantesca fábrica de azúcar. _____

3. Produce botellas y otros envases. _____

4. Es una firma de corredores de aduana. _____

5. Es una empresa con intereses que van desde la construcción de viviendas hasta la televisión por cable. _____

6. Es una firma constructora de puentes. _____

7. Es una organización para el cuidado de la salud. _____

8. Distribuye electrodomésticos en el sur de la Florida. _____

SEGUNDO PASO: Asimilación

Conteste las siguientes preguntas.

1. ¿Qué piensan muchos acerca de los negocios de hispanos en los Estados Unidos?

....

....

2. ¿Qué sabe usted del Sr. Prudencio Unanue?

....

....

3. ¿Por qué vinieron los Fanjuls para los Estados Unidos?

....

....

4. ¿Qué hacía en Cuba la Sra. Díaz de Oliver?

....

....

5. ¿Qué empresas compran envases a la firma de la Sra. Díaz de Oliver?

....

....

6. ¿Cuál fue el primer trabajo del Sr. Alexander Arroyos?

    ....

    ....

7. ¿Cuál es el negocio del Sr. Sergio Bañuelos y familia?

    ....

    ....

8. ¿A quiénes representa la Cámara de Comercio Hispánica de California?

    ....

    ....

9. ¿Cómo vino a los Estados Unidos el Sr. Barrientos?

    ....

    ....

10. ¿Qué idea tuvo el Sr. Angel Echevarría?

    ....

    ....

11. ¿Por qué cree usted que el Sr. Saumat puso a su firma un nombre en inglés?

    ....

    ....

12. ¿Cree usted que la lectura anterior da idea de la variedad y del éxito de los negocios hispanos en Estados Unidos? ¿Por qué?

    ....

    ....

TERCER PASO: Aplicación

A. **Vaya a un supermercado y haga una lista de productos típicos hispánicos que allí encuentre. Lea las etiquetas e indique si son producidos en los Estados Unidos o son importados. Si son importados anote el país de origen.**

B. **Busque en el directorio telefónico las empresas con nombres en español. Llame a una de ellas y averigüe si el propietario es hispano. Si es así, trate de hacerle una entrevista e informe a la clase de los resultados.**

Lecturas suplementarias

IV

1 Características del mercado de consumo hispano

Los hispanos que viven en los Estados Unidos gastan todos los años unos 52.000 millones de dólares; esto explica el interés que han tomado algunos grupos en las investigaciones acerca de las características de este mercado.

Según un estudio de la National Association of Spanish Broadcasters, el consumidor hispánico:

a. Gasta una parte mayor de sus ingresos en alimentos, bebidas y ropas que el consumidor anglo.

b. Pone un gran énfasis en la compra de artículos de calidad.

c. Prefiere las marcas bien conocidas y muy anunciadas.

d. Muestra una gran lealtad° a sus marcas favoritas. *loyalty*

e. Compra más productos envasados y empaquetados° que el consumidor anglo. *packaged*

f. Prefiere los comercios en que se siente bienvenido culturalmente.

Otro estudio, «Mass Communication Behaviors and Attitudes of Hispanic and Anglo Adults», llevado a cabo por los profesores Judee y Michael Burgoon de la Michigan State University para la Gannet Corporation, ofrece algunos resultados inesperados en relación con los hispánicos y los medios publicitarios. Según este estudio:

1. Los hispanos dedican un promedio de tres horas y cuarenta minutos diarios a mirar la televisión, mientras que el promedio de los anglos sólo alcanza a tres horas y veinte minutos.

2. Los programas de entretenimiento° ocupan el 76% del tiempo que los hispanos dedican a la televisión, mientras que los anglos sólo dedican a este tipo de programas el 60% del total de su tiempo dedicado a la televisión. *entertainment*

3. El 65% de los hispanos ve los noticieros° nacionales, y el 64% ve los noticieros locales; comparado° con un 70% y un 68%, respectivamente, de los anglos. *news* *compared*

4. Respecto a las horas del día dedicadas a la televisión, hay pocas diferencias entre hispanos y anglos en cuanto se refiere a los programas de por la mañana y por la noche; pero por la tarde, el 48% de los hispanos mira la televisión, mientras que a esa hora sólo lo hace el 30% de los anglos.

5. Los hispanos y los anglos dedican el mismo tiempo a la lectura de revistas y periódicos, pero los hispanos lo hacen con menos frecuencia.

6. Los hispanos, al igual que los anglos, confían en° los periódicos como fuente de información para buscar oportunidades de trabajo y para determinar dónde hacer sus compras importantes. *rely on*

¿Qué sabe usted de las características del mercado de consumo hispano?

1. ¿En qué renglones el consumidor hispano gasta mayor parte de sus ingresos que el consumidor anglo?

   ....

   ....

2. ¿Qué marcas prefiere comprar el consumidor hispano?

   ....

   ....

3. ¿Quién compra más productos envasados y empaquetados, el consumidor hispano o el anglo?

   ....

   ....

4. ¿Qué comercios prefiere el consumidor hispano?

   ....

   ....

5. ¿Qué tiempo dedican los hispanos a mirar la televisión?

   ....

   ....

6. ¿Cuáles son los programas preferidos por los televidentes hispanos?

   ....

   ....

7. ¿Quiénes dedican más tiempo a la lectura de revistas y periódicos, los anglos o los hispanos?

   ....

   ....

8. ¿Cuál es la principal fuente de información de los hispanos que buscan trabajo?

   ....

   ....

2 Los modistos de alta costura españoles e hispanoamericanos

El mundo de la alta costura° es un mundo internacional y sofisticado. Su aspecto cosmopolita y exclusivo se manifiesta tanto en el segmento social que constituye su clientela como en la ubicación° geográfica de los establecimientos de la alta costura. Así, no debiera esperarse que fueran muchos los modistos° y modistas procedentes de los países pobres de hispanoamérica. Sin embargo, no es así, porque en todos esos países existe una minoría rica que vive con un lujo insospechable°. En realidad, las grandes creaciones de París y Roma llegan tan pronto a las ciudades de Latinoamérica como a Nueva York y Los Angeles. Por otra parte, a la mujer latinoamericana y a la española les gusta adaptar las modas° a sus gustos y preferencias y esto obliga a los modistos locales a crear. Madrid y Barcelona, por su parte, han sido tradicionalmente centros de la moda internacional.

high fashion

location

fashion designers

unsuspected luxury

fashions

Algunos modistos españoles, como Manuel Pertegaz y Elio Berhanyer, han trabajado toda su vida en sus salones de Madrid y Barcelona, mientras otros, como Paco Rabanne, han adquirido fama en París. Rabanne revolucionó la moda en los años 60 y, aún hoy día, sus creaciones son tremendamente visionarias y futurísticas; con «Paco» y «Calandre», dos de los productos más exitosos de su línea de perfumes, contribuye a financiar sus experimentos con la moda.

Entre los latinoamericanos, quizás el más conocido es Oscar de la Renta, un chileno de padres españoles educado en República Dominicana y en Madrid. Su vida parece extraída de las páginas de una novela. En Madrid, estudió arte, con la intención de ser pintor. Después de llevar cierto tiempo diseñando° vestidos para sus amistades, la esposa del embajador° americano en España vio y admiró uno de sus diseños°, y le pidió crear un vestido para presentar a su hija en sociedad. La foto de la jovencita, llevando el vestido, apareció en la portada° de LIFE y, partir de ese momento, el aspirante a pintor cedió su lugar al modisto. Primero trabajó para «Elisa», la casa madrileña de Balenciaga—un español a quien se considera el mejor modisto de este siglo—después pasó a trabajar en la casa Lanvin de París, y en 1963 pasó a Nueva York, donde entró a trabajar como modisto para Elizabeth Arden. En 1967, ganó el premio «Coty» por sus lujosos diseños de aires gitanos v rusos. Hoy día, su propio imperio incluye ropa de hombre, perfumes y joyas, pero su nombre sigue brillando como modisto de alta costura capaz de diseñar con encanto y elegancia.

designing / ambassador

designs

cover

Carolina Herrera es una venezolana que triunfa en Nueva York. En la «Semana de la moda neoyorquina», el desfile de sus modelos° es uno de los más esperados y, con los años, se ha hecho costumbre que en él se dé cita el mundo elegante americano y europeo que está en la ciudad en esa fecha. A veces es tan interesante mirar a los elegantes invitados como a las modelos en la pasarela°. Lo nuevo de su moda generalmente está en las mangas°, y en el énfasis que pone en los hombros. Entre sus clientes, Jacqueline Kennedy Onassis.

her fashion show

gangway / sleeves

Entre los diseñadores y modistos cubanos, el más famoso es, sin duda, Adolfo. Despues de trabajar en la «Maison Balenciaga», de París vino a Nueva York, donde abrió su propia casa. Entre sus clientes está Nancy Reagan. Otro cubano, Luis Estévez, tiene su propia empresa en California, donde diseña para artistas y damas ilustres. Entre sus clientes, Merle Oberon.

¿Qué sabe usted de la moda actual?

Como usted habla español, el gerente de la casa de modas donde trabaja le encarga la presentación de un desfile de modas en varias capitales de América Latina. Prepárese para describir los vestidos de los modelos y los trajes de los modelos. Puede incluir abrigos, trajes de baño, vestidos de novias, etc.

3 Archivo

Archivar° no es guardar papeles, sino clasificarlos y ordenarlos de forma tal que puedan ser localizados° inmediatamente cuando se necesiten.

    Si un inspector del IRS se presenta en su domicilio° para hacerle una auditoría,° le pedirá los documentos que justifiquen su declaración de impuestos.° Si usted simplemente ha echado sus recibos, cuentas, comprobantes de pago, etc., en una caja, deberá leerlos uno a uno hasta localizar cada documento solicitado.

    Un hombre o una mujer de negocios tiene muchos más documentos que guardar. La ley les obliga a guardar algunos documentos durante cinco años por lo menos, y hay otros papeles que pueden contener datos de interés para la contabilidad o la historia del negocio. Hoy muchos de estos datos se «guardan» en las computadoras y muchos de los papeles se pasan a microfilmes, pero también éstos deben ser archivados.

    Un hombre o una mujer de negocios necesita archivar parte de su correspondencia con clientes y proveedores, recibos, cuentas, facturas, envíos, y muchos otros documentos y papeles, de acuerdo al tipo de negocio. Para hacerlo, abre expedientes° individuales, utiliza carpetas° y tarjetas de control, clasifica los documentos por su contenido y los ordena, por lo general, alfabéticamente.

    Hay algunos principios generales para archivar que son idénticos en español que en inglés, pero hay ciertas particularidades° de nuestro idioma y de nuestra cultura que deben tenerse en cuenta. Así, debemos recordar que la **ch** es una letra en español; por tanto, no podemos colocar a Chávez después de Cervantes y antes de Cid, sino después de la última **c** y antes de la **d**. Igual ocurre con la **ll**. Llano, por ejemplo, va después de Lugo o de cualquier otro nombre que comience con **l**. Hay pocos nombres que comiencen con **ñ**, pero si tenemos que archivar alguno, debemos colocarlo después de la ultima **n**.

filing
be located
residence
audit
tax return form

dossiers / folders

peculiarities

Algunas diferencias culturales también pueden traer confusión. Así, el hispánico en su tierra, y muchas veces aquí, usa dos apellidos. Al archivar o buscar en el archivo, deben tenerse en cuenta los dos. Así Sánchez Pérez, José irá antes de Sánchez Pérez, Pedro; pero Sánchez Díaz, Pedro irá antes de Sanchez Pérez, José. Es decir, atenderemos primero al primer apellido, después al segundo, y por último al nombre.

Si uno de los dos nombres para ordenar tiene dos apellidos y el otro uno sólo, o si uno tiene un segundo nombre o una inicial y el otro no, seguimos el principio general de archivo que dice: nada antes de algo. Así, García, Manuel va antes de García López, Manuel.

Otra duda que a veces surge° es en relación con la partícula° que se ante- *arises / particle*
pone a muchos apellidos hispánicos. Hay dos formas de archivarlos. Unos prefieren no atender a la partícula y archivar a José del Valle así: Valle, José del. Otros, por el contario, archivarán del Valle, José. Como la forma prefe- rida varía de unos lugares a otros, debemos tener en cuenta la costumbre del país. En estos casos lo más recomendable es hacer referencias cruzadas° en *cross-references*
el tarjetero°. *card file*

¿Sabe usted archivar en español?

Ordene por orden alfabético, para archivar, correspondencia procedente de:

Juan Lima Jiménez ....

Juan Jiménez Lima ....

Modesto Busto Urrutia ....

Modesto del Busto García ....

Armando Llanes Cabrera ....

Armando Llanes Cosío ....

Rosaura Llanes Cabrera ....

Gustavo Chavando Pérez ....

Gabriela Chavando Pérez ....

Graciela Calderón ....

Graciela A. Calderón ....

Rosa Suárez López ....

Rosa Suárez ....

4 Los seguros

El seguro es una especie de cooperativa para compartir los riesgos. Muchas personas contribuyen con pequeñas cantidades de dinero pasa compensar a cualquiera de ellas de los daños° sufridos por diversos acontecimientos.°

damages / various events

En la práctica el seguro transfiere° los riesgos de muchas personas a una compañía. Esto se hace mediante un contrato entre la compañía (asegurador) y los individuos (asegurados)°. En este contrato, llamado póliza°, la compañía promete pagar una determinada suma de dinero al asegurado o a la persona indicada por éste (beneficiario)° por los daños sufridos en los bienes asegurados: la vida, la salud, la propiedad, etc. El asegurado debe pagar periódicamente cierta suma de dinero llamada prima.° Como hay muchos riesgos diferentes, hay muchas clases de seguros, pero los más populares son los seguros de vida, seguros de salud, seguros contra accidentes, contra robos,° contra incendios,° seguros de transporte, etc.

transfers

underwriter / insured
policy

beneficiary

premium

theft / fire

Para ilustrar la forma en que trabaja el seguro y los beneficios que obtienen de él los asegurados, vamos a poner el siguiente ejemplo: Supongamos que estamos en un pequeño pueblo de mil casas. Para hacer más fácil el ejemplo digamos que cada una de las casas vale $50.000. Todos los años el fuego destruye un promedio° de cinco de estas casas, con un valor total de $250.000. La única compañía de seguros del pueblo tiene aseguradas todas las casas y cada propietario paga una prima de $300 al año. La compañía recibe $300.000 y paga $250.000, es decir, que hay una diferencia a su favor de $50.000 para gastos y utilidades.

average

Los cinco propietarios, cuyas casas fueron destruidas por el fuego, pagaron $300 cada uno y recibieron $50.000, es decir, fueron compensados por todos los daños sufridos menos los $300 que pagaron de prima. Los 995 propietarios restantes pagaron $300 por la seguridad de que si sus casas hubieran sido las destruidas° por el fuego, la compañía les hubiera compensado por las pérdidas.° En realidad cuando una persona compra un seguro, lo que está comprando es protección. Desde luego, el seguro no puede evitar el fuego, lo que el seguro hace es reembolsar° al propietario las pérdidas sufridas. Esta función protectora del seguro puede apreciarse° mejor en los seguros contra accidentes.

destroyed
losses

reimburse
appreciate

Por una prima moderada usted asegura su coche, los daños que pueda hacer con él y se asegura usted mismo. Si tiene un accidente grave y ocasiona daños costosos en propiedades ajenas° (derriba° parte de una casa, choca° con un Rolls Royce, etc.) o lesiona gravemente o mata a otra persona, y usted mismo tiene que ingresar en el hospital por varios días, seguramente no tendrá dinero suficiente para hacer frente a todos estos pagos, pero el seguro paga por usted.

other's properties / demolish
collide

La prima que usted debe pagar varía de acuerdo a su edad, al sexo, al tipo de carro que maneja, etc. ¿Cómo calcula la compañía los riesgos para fijar la prima? Esto se hace aplicando un principio estadístico llamado ley de las probabilidades o ley de los grandes números.° En base a los accidentes reportados durante un período de un año, por ejemplo, y teniendo en cuenta otras variables, se puede predecir con bastante exactitud cuantas personas en un grupo grande sufrirán accidentes durante el año siguiente. Las personas que hacen estos cálculos se llaman actuarios.

theorem of total probability or law of large numbers

Usted trabaja para una compañía de seguros. Traduzca el siguiente segmento de una de sus pólizas.

REPORTING A CLAIM — INSURED'S DUTIES

1. Notice to Us of an Accident or Loss.

The *insured* must give us or one of our agents written notice of the accident or *loss* as soon as reasonably possible. The notice must give us:

a. *your* name; and

b. the names and addresses of all *persons* involved; and

c. the hour, date, place and facts of the accident or *loss;* and

d. the names and addresses of witnesses.

2. Notice to Us of Claim or Suit.

If a claim or suit is made against an *insured,* that *insured* must at once send us every demand, notice or claim made and every summons or legal process received.

3. Other Duties Under the Physical Damage Coverages.

When there is a *loss, you* or the owner of the property also shall:

a. make a prompt report to the police when the *loss* is the result of theft or larceny.

b. protect the damaged vehicle. We will pay any reasonable expense incurred to do it.

c. show us the damage, when we ask.

d. provide all records, receipts and invoices, or certified copies of them. We may make copies.

4. Other Duties Under Medical Payments, Uninsured Motor Vehicle, Death, Dismemberment and Loss of Sight, Total Disability and Loss of Earnings Coverages.

The *person* making claim also shall:

a. give us all the details about the death, injury, treatment and other information we need to determine the amount payable.

b. be examined by physicians chosen and paid by us as often as we reasonably may require. A copy will be sent to the *person* upon written request. If the *person* is dead or unable to act, his or her legal representative shall authorize us to obtain all medical reports and records.

c. under the uninsured motor vehicle coverage:

(1) report a "hit-and-run" accident to the police within 24 hours and to us within 30 days,

(2) let us see the insured *car* the *person occupied* in the accident.

(3) send us at once a copy of all suit papers if the *person* sues the party liable for the accident for damages.

d. under the death, dismemberment and loss of sight, total disability and loss of earnings coverages, give us proof of claim on forms we furnish.

5. Insured's Duty to Cooperate With Us.

The *insured* shall cooperate with us and, when asked, assist us in:

a. making settlements;

b. securing and giving evidence;

c. attending, and getting witnesses to attend, hearings and trials.

The *insured* shall not, except at his or her own cost, voluntarily:

a. make any payment or assume any obligation to others; or

b. incur any expense, other than for first aid to others.

Apéndices

Apéndice A: *La correspondencia comercial en español*

La correspondencia comercial comprende toda comunicación por escrito referente a asuntos de negocios. Por tanto, además de las formas de comunicación tradicionales, como las cartas, los telegramas, los radiogramas y los cables, también se incluyen en la correspondencia comercial los mensajes enviados por teletipo o mediante redes de computadoras. Sin embargo, las cartas, por su efectividad y economía, siguen teniendo una gran importancia en las relaciones mercantiles.

LA CARTA

Las cartas de negocios, como todas las cartas, deben estar escritas con naturalidad, claridad y cortesía, pero además deben tratar de ser concisas, efectivas y coherentes.

Para lograr mayor claridad, concisión, coherencia y efectividad, las cartas comerciales requieren algunos elementos o partes que no aparecen en las cartas particulares. Las principales partes de una carta comercial son:

1. El membrete   *Letterhead*
2. Lugar de dónde se escribe y fecha   *Date and town of origin*
3. El destinatario y la dirección   *Addressee's name and address*
4. El asunto o referencia   *Reference or subject matter*
5. El saludo   *Salutation*
6. La introducción   *Introductory sentence*
7. El texto o cuerpo de la carta   *Body (main information and additional comments)*
8. La despedida   *Closing remarks*
9. La posdata   *Postscript*
10. Los anexos o adjuntos   *Enclosures*
11. Las iniciales del firmante y del mecanógrafo   *Initials of sender and typist*

A continuación se describe someramente cada una de las partes de la carta comercial:

1. **El membrete:** El membrete es el encabezamiento que llevan impreso el papel y el sobre. Sirve para identificar a la persona o a la empresa de dónde procede la carta, así como el tipo de negocio a que se dedica. Por ejemplo:

CAFÉ BUSTELO
Bustelo Coffee Roasting Co.
The Bronx, New York, N.Y. 10473, U.S.A.

2. **Lugar de dónde se escribe y fecha:** Si el lugar desde dónde se escribe la carta aparece en el membrete, no es necesario repetirlo.
3. **El destinatario y la dirección:** Comprende el nombre y la dirección de la persona, empresa o entidad pública que envía la carta. Si es un nombre de persona, debe ir precedido de la abreviatura de la palabra señor (Sr.), señora (Sra.), señorita (Srta.), Doctor (Dr.), Licenciado (Lic. o Ldo. o Lcdo.), Ingeniero (Ing.), etc. En España y en algunos países de América Latina, se usa el tratamiento de Don (D.) o Doña (Dña.). Recuerde que en español se pone primero el nombre de la calle y después el número de la casa. El número puede ponerse inmediatamente después del nombre de la calle o separado de éste por una coma, o la abreviatura o el signo de número (No. #). Por ejemplo:

Sr. Gustavo Chavando   **Cía Vinatera Torre y Hno.**
San Andrés, 546   **Junín 232**
La Paz, Bolivia   **Buenos Aires, Argentina**

4. **El asunto o referencia:** Algunas veces es conveniente indicar, en la parte superior de la carta, el asunto de que se trata. Esto facilita el manejo y archivo de la correspondencia. Por ejemplo:

Barceló y Cía.
Ferretería
Angeles No. 26
Asunción, Paraguay

4 de enero de 1983

Ing. Rosa Suárez.
Calle 4, no. 356.
Mendoza, Argentina.

Ref.: Pedido de pinturas

---

5. **El saludo:** Los saludos de las cartas comerciales son más sobrios que los de las cartas particulares y, por lo general, son verdaderas fórmulas casi invariables. Por ejemplo:

Señor(es):	**Estimado(s) señor(es):**
Señora(s):	**Estimada(s) señora(s):**
Señorita(s):	**Estimada(s) señorita(s):**
Muy Sr(s), mío(s):	**Estimado(s) cliente(s):**
Muy Sra(s), mía(s):	**Estimada(s) cliente(s):**

6. **Introducción:** La introducción comprende las palabras o frases con que se inicia la carta. Por lo general se usa una fórmula:

> **La presente tiene por objeto...**
> **Adjunto tengo a bien enviarle...**
> **Me veo en la obligación de comunicarle...**
> **Acuso recibo de su atenta de fecha...**
> **Tengo el gusto de informarle...**
> **Me complace hacerle saber...**
> **Lamento tener que comunicarle...**

Desde luego, siempre que sea posible, debe evitarse el uso de éstas y otras formas convencionales para hacer la carta más natural.

7. **El texto o cuerpo de la carta:** El cuerpo de la carta comprende el conjunto de párrafos que explican el motivo de la comunicación. Los párrafos de una carta comercial deben ser cortos, y deben estar escritos con la mayor economía de palabras.

8. **La despedida:** La despedida de una carta comercial debe ser breve. Las siguientes formas son las más usadas:

> **Atentamente**
> **De usted atentamente**
> **Sinceramente**

También se emplean expresiones más largas como las siguientes y otras que van cayendo en desuso:

Queda de usted muy atento y s.s. (seguro servidor)
Saluda a usted con especial consideración

9. **La posdata:** Se escribe una posdata cuando se hace necesario o conveniente recordar o hacer resaltar algún asunto importante. Por ejemplo:

P.D.   Por favor, acuse recibo de la mercancía por telégrafo.

10. **Los anexos o adjuntos:** Si junto a una carta se envían otros documentos, debe registrarse este hecho mediante una nota al final de la carta. Por ejemplo:

Anexo: Factura de fecha 4 de febrero de 1983

11. **Las iniciales del firmante y del mecanógrafo:** Generalmente se colocan junto al margen izquierdo, al final de la carta. Primero se ponen las iniciales del remitente de la carta, con letras mayúsculas, y después las del mecanógrafo, con minúsculas. Por ejemplo:

HB/ha   FG:ml

Apéndice B: Comunicaciones internas del negocio

EL MEMORANDO

Un memorando o memorandum es una comunicación escrita, generalmente usada dentro del negocio, con el objeto de anunciar reuniones, sugerir cambios, explicar un procedimiento, recordar disposiciones legales o reglamentarias, solicitar atención especial o urgente para un asunto, etc. El cuerpo del memorando es similar al de una carta de negocios, pero el encabezamiento es más simple y no se requieren ni saludo ni despedida. Por ejemplo:

A: Fermín Domínguez
De: Alberto González
Fecha: 7 de mayo de 1983
Asunto: Mal uso de los vehículos de la empresa

Las cuentas por reparación de vehículos de la empresa durante los primeros cuatro meses del presente año se elevaron un 17% sobre las de igual período del año anterior. El jefe del taller de reparaciones informa que el exceso de reparaciones se debe a que los vehículos no están recibiendo el mantenimiento adecuado en las fechas señaladas.

Sírvase notificar a todos los choferes la obligación que tienen de cumplir las disposiciones de la empresa en relación al mantenimiento de sus equipos, así como que la administración exigirá responsabilidades e impondrá posibles sanciones a aquellos que no cumplan dichas disposiciones.

REPORTE DEL PROGRESO DE UN TRABAJO, PROYECTO O ACTIVIDAD

A veces, en los negocios, son necesarios o convenientes los reportes acerca del progreso de una actividad, de un proyecto o del trabajo de una comisión, de una sección, de un departamento, de una sucursal, etc. Estos reportes pueden ser únicos o periódicos (semanales, mensuales, trimestrales, etc.) de acuerdo al tipo de actividad que se reporte. Un reporte de este tipo puede referirse, por ejemplo:
1. Al progreso en la construcción de una planta industrial, o a la instalación de sus maquinarias y equipos.
2. Al progreso de una investigación de mercados.
3. Al desarrollo de una campaña de promoción o de publicidad.
4. A la reorganización de un departamento de la empresa.
5. Al desarrollo y progreso de la penetración de un mercado local o extranjero.

Partes de un reporte

Un reporte de progreso típico consta de dos partes: el encabezamiento y el cuerpo del escrito. A veces, se incluye una introducción.

Encabezamiento: Se parece al encabezamiento de un memorando, pero incluye la identificación de la actividad, proyecto o trabajo a que se refiere, y el período de tiempo que comprende. Por ejemplo:

A: Hugo Fernández.
De: Ramón Peguero.
Proyecto: Investigación del mercado de consumo latino en la ciudad de Chicago.
Período de tiempo cubierto en el reporte: De 10 de enero a 31 de marzo del presente año.

Introducción: En la introducción se incluyen los antecedentes del proyecto, trabajo o actividad, así como la situación del mismo en la fecha inicial del período reportado. A veces se incluye la fecha en que se piensa terminar el proyecto o trabajo, y también pueden señalarse algunas necesidades que deben ser satisfechas para completarlo en tiempo y forma. Por ejemplo:

Introducción: Con fecha 15 de diciembre próximo pasado, el vice presidente a cargo de la comercialización de la empresa dispuso que se llevase a cabo una investigación del mercado latino en la ciudad de Chicago. La investigación comenzó el 10 de enero pasado, y comprende los siguientes aspectos:
1. Potencial del mercado latino de la ciudad.
2. Hábitos de consumo de la comunidad latina y consumo actual de productos similares.
3. Marcas, precios, presentación y tipos de publicidad de los productos similares en el mercado.
4. Reacción de los consumidores a los distintos tipos de publicidad empleados. Grado de fidelidad de los consumidores a las marcas conocidas.
Se determinó el sistema de encuestas tanto en relación con los consumidores como con los empleados de los supermercados. El trabajo está terminado en un 65%, y debe completarse en esta quincena.

Cuerpo del reporte: El cuerpo del reporte se compone básicamente de tres secciones:
1. Trabajo realizado.
2. Situación actual del proyecto, trabajo o actividad.
3. Trabajo por hacer.
Por ejemplo:

Trabajo realizado:
1. Se redactaron los cuestionarios necesarios para la encuesta, así como las instrucciones para contestarlos.
2. Se ordenó la impresión de dichos cuestionarios e instrucciones.
3. Se seleccionaron los barrios y secciones de la ciudad en que la encuesta se iba a llevar a cabo.
4. Se seleccionó y entrenó al personal encargado de enviar y recibir los cuestionarios y de tabular las encuestas.
5. Se distribuyeron 10.000 cuestionarios, utilizando el correo, de los cuales fueron devueltos 1.346 ejemplares, debidamente cumplimentados.

Estado actual del trabajo:

Se están tabulando las respuestas de los cuestionarios devueltos. Este trabajo terminará en la presente semana y sus resultados estarán listos para la evaluación final.

Trabajo por hacer:

Evaluación de los resultados de la encuesta, confección de los gráficos correspondientes, redacción de las recomendaciones y sugerencias oportunas de acuerdo a los resultados de la investigación.

Apéndice C: Cómo buscar trabajo

Usted ya sabe que el proceso de buscar trabajo incluye la escritura de solicitudes de empleo, resúmenes de su preparación profesional y de su experiencia de trabajo, y cartas solicitando referencias, aceptando el empleo, etc. Si usted desea trabajar en un país de habla hispana, recuerde que es conveniente que escriba en español.

LA SOLICITUD DE EMPLEO

Una solicitud de empleo es una carta muy importante para usted, porque una solicitud bien escrita aumenta grandemente sus probabilidades de obtener el cargo. Como su objetivo al escribir la carta es el de vender sus servicios, le recomendamos que la redacte como si fuera una carta de propaganda o venta de un servicio de alta calidad. Una carta así debe reunir estos tres requisitos:
1. Atraer la atención del lector.
2. Convencer al lector de que los servicios que se le ofrecen son superiores a los de cualquier posible competidor, y crear en él el deseo de utilizar esos servicios.
3. Hacer que el lector actúe inmediatamente.

Usted debe tratar de que su carta cumpla estos tres requisitos, pero debe recordar que debe ser breve, pues los ejecutivos no tienen tiempo para leer cartas largas.

A continuación tiene un ejemplo de una carta de solicitud de empleo:

> 345 W. 3rd Ave.
> New Orleans, La. 60789
> 16 de julio de 1983

Sr. Pastor González, Presidente
Compañía Azucarera Alfa, S.A.
Asunción 75
Lima, Perú

Estimado Sr. González:

En el diario "El Tiempo", de fecha 4 del corriente, su empresa solicita un ingeniero químico para ocupar el cargo de adjunto a la dirección del laboratorio de una de las centrales azucareras de su firma. Con esta carta quiero comunicarle mi interés en ser considerado como candidato para dicho puesto.

Acabo de graduarme en la Escuela de Química de la Universidad del Estado de Louisiana como ingeniero químico, con una especialización en azúcar y sus derivados. Como usted bien sabe, esta universidad se especializa en los estudios de agricultura y de sus industrias derivadas y, dentro de este último campo, el departamento de estudios de la caña y de la industria azucarera, tiene reconocida fama internacional. En particular, mis estudios han abarcado todos los aspectos del trabajo de laboratorio en el campo del azúcar y sus derivados. Además, como usted puede comprobar por el curriculum adjunto, he tenido experiencia en el trabajo en laboratorios azucareros, dado que he trabajado para varias empresas del ramo ubicadas en esta localidad.

Me pongo a su disposición para viajar a Lima inmediatamente para una entrevista que creo sería sumamente fructífera tanto para mí como para los intereses que usted representa.

Sin otro particular, le saluda atentamente.

John O'Connor

Adjunto: Curriculum vitae

EL CURRICULUM VITAE *(résumé)*

La carta de solicitud de empleo debe ir acompañada de un curriculum que resuma y realce sus datos personales, los estudios que usted ha cursado y su experiencia profesional, especialmente la que se relaciona con el empleo que está solicitando. Por ejemplo:

John O'Connor
345 W. 3rd Ave.
New Orleans, La. 60789
Teléfono: (342) 756-683

DATOS PERSONALES:

Fecha de nacimiento: 10 de marzo de 1956
Ciudadanía: E.U.A.
Estado Civil: Casado
Estado de salud: Excelente

EDUCACIÓN:

Junio 3 de 1983	Ingeniero Químico Azucarero Escuela de Química Industrial Louisiana State University Louisiana, E.U.A.
Honores Académicos	Beca del Instituto Rockefeller para estudiantes distinguidos en el estudio de la química aplicada.
Otras Actividades	Miembro de la fraternidad Alpha Pi Omega. Miembro del equipo de baloncesto de la universidad.

EXPERIENCIA DE TRABAJO:

Verano de 1981	Laboratorio químico de la Central Azucarera "Freemont", propiedad de la empresa Freemont, Inc., de Louisiana.
Verano de 1982	Laboratorio químico de la Rome Sugar Co., de Louisiana.

(Se acompañan referencias de mis jefes en ambos empleos)

OBJETIVO PROFESIONAL:

Trabajar para una gran empresa azucarera, propicia a la investigación y experimentación, que ofrezca posibilidades de perfeccionamiento y promoción.

INTERESES PROFESIONALES Y PERSONALES:

Miembro de la Asociación de Ingenieros Químicos Azucareros de los Estados Unidos.

Entretenimiento   Practicar deportes

                                Coleccionar monedas antiguas

REFERENCIAS:

Mrs. Anna Jacobsen.
School of Applied Chemistry.
Louisiana State University.
New Orleans, Louisiana, U.S.A.

Mr. Charles Burtone, Director.
Chemistry Laboratory.
Freemont Sugar Mill.
Louisiana, U.S.A.

Ms. Deana Langdon, Director.
Chemistry Laboratory.
Rome Sugar Co.
1456 Elm Road.
New Orleans, Louisiana, U.S.A.

Apéndice D: Diez cartas de negocios típicas

1. SOLICITUD DE INFORMACIÓN

Avellaneda, 6 de enero, 1987

Alimentos Animales, S.A.
Carretera Nueva, s/n
Alcázar de San Juan

Muy Srs. míos:

Les agradecería se sirvieran remitirme, a la mayor brevedad posible, información completa respecto a su nueva línea de alimentos concentrados y piensos para ganado vacuno de producción lechera.

En particular, estoy interesado en información acerca de la composición de dicho producto y en las fuentes proteínicas que utiliza. No olviden incluir su lista de precios, descuentos por compras voluminosas y condiciones de pago, así como información acerca de sus servicios de distribución.

Sin otro particular, les saluda atentamente.

Juan Saldaña
Finca "La Merced"
Aptdo. 345

2. CONTESTACIÓN A UNA SOLICITUD DE INFORMACIÓN

ALIMENTOS ANIMALES, S.A.
Carretera Nueva, s/n
Alcázar de San Juan
Tno: 589-2642

12 de enero de 1987

Sr.D. Juan Saldaña
Finca "La Merced"
Avellaneda

Distinguido cliente:

En respuesta a su carta de 6 del corriente, nos complace mandarle la información que Ud. solicitó; como puede Ud. comprobar, adjuntamos un informe técnico del Servicio de Extensión Agrícola que analiza las cualidades alimenticias de nuestra familia de productos; también adjuntamos lista de precios y condiciones básicas de pago.

Respecto a descuentos por volumen de compras, nuestra compañía desarrolla un plan específico para cada cliente, que toma en consideración tanto el volumen de venta de cada línea de producción como el volumen total de venta (incluyendo todos los productos de nuestra familia). Por dicho motivo me es imposible darle información más detallada en este momento; no obstante, estoy a su disposición para visitarle en su finca y preparar un plan de descuentos que le satisfaga.

En espera de sus noticias, queda de Ud. su seguro servidor,

Luis Segura
Agente de Ventas

3. CARTA DE PEDIDO DE MERCANCÍAS

Barcelona, 23/11/1987

Servicios para Computadoras
Avda. Callao, 1287
Caracas
A la atención de D. José Robles

Estimado amigo:

Como confirmación de nuestra conversación telefónica anterior, sírvase mandarnos los siguientes artículos:

Artículo	Código	Cantidad	Precio
Cinta para Impresora	A-342-7	3	46.85
Papel Blanco:			
Tamaño carta	P-246-27	200	289.50
Tamaño legal	P-246-24	150	387.45
Rollo continuo	P-242-13	m. 25	55.30

Para este envío, por favor utilicen la empresa de transporte Prieto y Cía., cuyos camiones efectúan repartos en la zona industrial en que nos encontramos ubicados. Este envío debe llegar a nuestro poder antes del 15/12 próximo, a más tardar.

Atentamente,

Luis Perales
Asesores Mercantiles

4. ACUSE DE RECIBO DE PEDIDOS

SERVICIOS PARA COMPUTADORAS

Avda. Callao, 1287

Caracas

27 de noviembre de 1987

D. Luis Perales

Asesores Mercantiles, S.L.

Zona Industrial Cartagena

Apreciado cliente:

Acuso recibo de su pedido del 23 corriente por un monto de 779,10 bolívares. En estos momentos, nuestro almacén central carece de Rollo Continuo de papel blanco para computadoras. Por ese motivo, le vamos a enviar las cintas para la máquina impresora y las cajas de papel blanco no continuo inmediatamente desde nuestro almacén de la zona franca.

Al mismo tiempo, nuestro almacén en Mérida va a mandar, mediante envío urgente, la mercancía de que nosotros carecemos (rollo de papel) directamente a Uds.

Ambos envíos utilizarán la Cía. de Transportes Prieto, y confiamos en que el monto total de la mercancía se encuentre en su poder antes de la fecha límite.

Una vez que Uds. reciban la mercancía, la facturación por el envío completo será tramitada desde esta oficina.

Lamentamos este pequeño contratiempo y esperamos poder seguir sirviéndoles en el futuro. Sin más por el momento, le saluda

José Robles

---

5. SOLICITUD DE COBRO

15 de mayo de 1987

Sr. Carlos Hernández
Cervantes, 357
Bogotá, Colombia

Estimado cliente:

Como consecuencia del alza de la tasa de intereses, cualquier demora en el recibo de los pagos de los plazos de nuestros préstamos ocasiona graves perjuicios a nuestra economía.

Usted sabe que, de acuerdo a los términos de la hipoteca, sus remisiones mensuales deberían estar en nuestro poder antes del día 5 de cada mes; sin embargo, todavía en esta fecha no hemos recibido su remisión correspondiente al mes pasado.

Si al recibo de la presente ya usted ha hecho su envío, por favor, olvide esta carta, pero si aún no lo ha hecho, sírvase hacerlo inmediatamente para evitar recargos por demora de pagos, o acciones legales si fueran pertinentes.

De usted atentamente,

HIPOTECARIA NORTE, S.A.

José Esquivel
Jefe Dpto. de Cobros

6. CARTA ACOMPAÑANDO PAGO

19 de mayo de 1987

Sr. José Esquivel
Jefe Dpto. de Cobros
Hipotecaria Norte S.A.

Estimado señor:

Adjunto encontrará usted un cheque por la cantidad de $473,78, importe de la mensualidad correspondiente al mes de abril de la hipoteca de mi casa.

Debido a la pérdida temporal de mi empleo, como consecuencia del cierre de la fábrica donde trabajaba, me fue imposible hacerle este envío en la fecha convenida, pero ya estoy trabajando de nuevo y espero poder continuar pagando las mensualidades con la puntualidad requerida.

De usted atentamente,

Carlos Hernández

7. SOLICITUD DE NUEVAS CONDICIONES DE PAGO

8 de septiembre de 1987

Confecciones Tropical, S.A.
Presidente Madero, 576
Mérida, Yucatán
México

Estimados señores:

El próximo día 15 vencerá el tercero y último plazo para el pago de nuestra factura No. 567 de mayo pasado. Lamentablemente, a causa de la recesión que atraviesa el país, todavía tenemos en existencia el 70% de la mercancía recibida, y nos será totalmente imposible liquidar el saldo de nuestra cuenta en la fecha establecida.

Como ustedes saben, ésta es la primera vez, en los cuatro años que llevamos haciendo negocios, que nos vemos imposibilitados de hacer un pago en la fecha convenida. Por tanto, en esta oportunidad necesitamos, y esperamos nos concedan, una prórroga de 30 días para el pago del último plazo de nuestra deuda.

En espera de su aceptación, queda de ustedes atentamente,

MODAS FALCÓN, S.R. Ltda.

Orquídea Falcón
Gerente

8. SOLICITUD DE CRÉDITO

4 de noviembre de 1987

Sr. Administrador
Maderera Omega, S. en C.
Tegucigalpa, Honduras

Estimado señor:

La empresa que administro está interesada en comprar, a esa firma, grandes cantidades de madera en bolos y semi-procesada, para su distribución y venta en el estado de Texas, U.S.A. A ese fin necesitamos, y solicitamos de ustedes, la apertura de una línea de créditos hasta un total de 400,000 U.S. dólares.

Nuestras condiciones de pago, serían las siguientes:
50% sobre envíos F.O.B.
50% a 30/d/f sobre recibo envíos parciales.

Si ustedes están en condiciones de aceptar nuestros términos, sírvanse indicar el tipo de referencias bancarias y comerciales que requieren.

De usted atentamente,

Modesto del Busto
Administrador

MADERERA DEL BUSTO, FIALLO Y CÍA.

9. RECLAMACIÓN POR ERROR EN ENVÍO

24 de julio de 1987

Editorial CONO SUR, S.A.
Amistad No. 789
Santiago, Chile

Estimados señores:

Con fecha 5 del pasado mes de mayo hicimos a ustedes el pedido cuya copia fotostática enviamos adjunto. En el día de ayer, recibimos su envío de fecha 7 del presente y lamentamos decirles que el mismo no se ajusta a nuestra solicitud.

Como ustedes podrán comprobar nuestro pedido específica que todas las obras deberán estar encuadernadas en tela, y hemos recibido el FACUNDO, de Sarmiento, en piel, y las SILVAS AMERICANAS, de Bello, en papel. Estas ediciones no se ajustan a nuestras necesidades y, por tanto, se las estamos devolviendo a su coste.

Por otra parte, y para reparar en parte el gran trastorno que su error nos causa, necesitamos que nos envíen con urgencia, por vía aérea, las ediciones originalmente solicitadas, pues el nuevo curso comenzará dentro de tres semanas. Quede entendido que los gastos de envío serán de su cargo.

De usted con la mayor consideracíon,

LIBRERÍA UNIVERSITARIA
Elizabeth College, N.J.

Mario Fiallo
Gerente

10. CARTA CIRCULAR

Textiles y Fibras, S.R.C.
Barrios Altos, 35
Chincha

12 de octubre, 1986

A todos nuestros clientes y amigos:

Con motivo del traslado de nuestras operaciones comerciales a la capital, queremos notificarle nuestra nueva dirección en Lima:

Textiles y Fibras, S.A.
Bajopuente, 266
Lima

Este traslado facilitará la distribución de nuestros productos a toda la familia de clientes y amigos que durante los 14 años de existencia en Chincha nos han honrado con sus compras.

El traslado ha afectado también el estatuto legal de nuestra empresa que deja de ser una Sociedad Regular Colectiva para convertirse en una Sociedad Anónima; esta nueva estructura legal nos permitirá crecer al ritmo de las demandas de nuestros clientes y amigos para poder ofrecerles un mayor y mejor servicio.

El traslado se efectuará el próximo 1 de enero de 1987 y, por lo menos durante un período de seis meses, ambas oficinas - en Lima y en Chincha - seguirán funcionando de cara al público; pasado ese plazo, sólo la oficina de Lima continuará sus operaciones de venta directa al público.

Confiamos en que todos ustedes nos sigan honrando con su asiduidad.

Atentamente,

Textiles y Fibras, S.A.

José Pérez
Gerente

Apéndice E: Las compañías o empresas de negocios en los países de habla hispana

Los negocios se organizan de acuerdo a las leyes de cada país. En general, las organizaciones de negocios de los países de habla hispana son parecidas entre sí, pero difieren bastante de las de los Estados Unidos.

Sociedad Anónima (S.A.) o Compañía Anónima (C.A.)

Es la organización de negocios más parecida a las corporaciones de los Estados Unidos. El capital de la empresa está representado por acciones. Las acciones pueden ser nominales o al portador. En caso de pérdidas los accionistas sólo responden por el valor de sus acciones. El nombre de la compañía debe ir seguido de las letras S.A. o C.A., según corresponda.

Sociedad Limitada (S.L.) o Sociedad de Responsabilidad Limitada (S. de R.L.)

Es una compañía en que los socios responden de las pérdidas solamente con el capital suscrito por ellos. El nombre de la compañía deber ir seguido de las letras S.L. o S. de R.L., según corresponda.

Sociedad Regular Colectiva, o Sociedad en Nombre Colectivo

Ésta es una compañía formada por dos o más socios que acuerdan hacer negocios bajo un nombre común. El nombre se forma con los apellidos de los socios principales. Ejemplo: Rodríguez, Sánchez y Cía. Los socios son responsables, conjuntamente e individualmente, con todos sus bienes, de las deudas del negocio.

Sociedad en Comandita (S. en C.)

Hay dos clases de sociedades en comandita: simples o por acciones. En las sociedades en comandita hay dos tipos de socios: socios solidarios y socios comanditarios. Los socios solidarios responden de las pérdidas con todos sus bienes; los comanditarios solamente con el capital aportado. En el nombre de la compañía no pueden aparecer los nombres de los socios comanditarios. En las comanditarias por acciones el capital de los socios comanditarios está representado por acciones. El nombre de la compañía debe ir seguido de las letras S. en C.

Sociedad Cooperativa, Sociedades de Beneficio Mutuo o Sociedades Mutualistas

Estas organizaciones se establecen para el beneficio mutuo de sus miembros o para promover un interés común. Generalmente se trata de organizaciones no lucrativas, pues los beneficios están representados por los servicios que se prestan a los miembros de las sociedades.

Apéndice F: Los estados financieros

H. Ballester y Cía.
Balance de Comprobación *(Trial Balance)*
En diciembre 31 de 1983

Cuentas	Débito	Crédito
Caja	_____	
Cuentas a cobrar	_____	
Seguro pagado por adelantado	_____	
Muebles y enseres (fixtures)	_____	
Depreciación en muebles y enseres		_____
Cuentas a pagar		_____
Documentos a pagar		_____
Capital		_____
Utilidades no distribuidas		_____
Ventas		_____
Compras	_____	
Servicios (Utilities) pagados	_____	
Gasto de seguro	_____	
Impuestos pagados	_____	
Gastos varios	_____	
Totales	_____	_____

H. Ballester y Cía.
Balance de Situación *(Balance Sheet)*
Diciembre 31 de 1987

Activo _____

  Activo fijo _____

    Muebles y enseres _____

    Equipo rodante _____

    Equipos de oficina _____

  Activo circulante _____

    Efectivo en caja y bancos _____

    Cuentas a cobrar _____

    Documentos a cobrar _____

Pasivo _____

  Cuentas a pagar _____

  Documentos a pagar _____

  Intereses a pagar _____

Capital _____

  Inversión inicial _____

  Utilidades no distribuidas _____

Total Pasivo y Capital _____

H. Ballester y Cía.
Balance de Pérdidas y Ganancias (*Income Statement*)
Para el año terminado en diciembre 31 de 1987

Ventas
  Total ventas   _____

  menos Devolución en ventas   _____

  Ventas netas   _____

Costo de lo vendido
  Compras   _____

  menos Devolución en compras   _____

  más Inventario inicial   _____

  menos Inventario final   _____

  Total costo de lo vendido   _____

Utilidad Bruta   _____

Gastos de Operación
  Sueldos y salarios   _____

  Alquiler   _____

  Servicios (Utilities)   _____

  Publicidad   _____

  Total gastos de operación   _____

Utilidad Neta imponible   _____
  Impuestos   _____

Utilidad Neta en el período   _____

Apéndice G: Documentos de crédito usados en los países de habla española

Los documentos de crédito más usados en los países de habla española son la *letra de cambio*, el *cheque* y el *pagaré*. La letra de cambio y el cheque -llamado en España *talón*- son órdenes de pago, mientras que el pagaré es una simple promesa de pago.

En España y en la América Latina el uso del cheque es muy limitado. En muchos países resulta muy difícil para el hombre y la mujer comunes abrir una cuenta corriente. Usualmente los bancos sólo permiten abrir cuentas corrientes a los dueños de negocios y a las personas de reconocida solvencia económica.

El pagaré -un documento similar a nuestro I.O.U.- se usa cada día menos. En realidad, el documento de crédito típico en los países de habla española es la letra de cambio, un documento de crédito equivalente a la «bill of exchange», de poco uso actualmente.

La expedición, requisitos y fuerza legal de las letras de cambio son los establecidos por la legislación de cada país y, por tanto, pueden variar ligeramente de unos países a otros. Antes de aceptar o emitir una letra consulte a un abogado local.

Por lo general, las personas que intervienen en una letra son tres: *librador* o *girador, librado* o *girado*, y *tomador* o *beneficiario*. Se llama *tenedor* a cualquier otra persona que posea la letra. El *librador* es la persona que ordena pagar; el *librado* es la persona que debe pagar, y el *beneficiario* es la persona que va a recibir el pago. Algunos países permiten la expedición de letras *al portador*.

Entre los requisitos que las leyes exigen para que una letra tenga fuerza legal, es decir, para que su pago pueda exigirse ante los jueces o tribunales con los privilegios que la ley da a las letras de cambio, están: la designación del documento, esto es, decir que se trata de una letra de cambio, el lugar y la fecha de expedición, el lugar y la fecha de pago, los nombres y firmas del librador y del librado, y el nombre del beneficiario si la letra no es al portador.

La fecha en que la letra debe ser pagada se llama *vencimiento*, y llegado ese día se dice que la letra está *vencida*, esto es que su pago es exigible. Las formas de señalar el vencimiento más usadas son: *a la vista*, es decir, a su presentación, a un plazo dado a partir de la vista, y a fecha fija.

La letra es un documento de uso muy antiguo, cuando los medios de comunicación eran muy deficientes; por eso se acostumbraba y aún hoy se acostumbra a hacer varios ejemplares del documento, a los que se llama *primera de cambio, segunda de cambio*, etc. Hoy día es más frecuente el uso de un solo ejemplar al que se llama *única de cambio*.

El *endoso* es una fórmula usualmente escrita al dorso del documento mediante la cual el beneficiario cede sus derechos a otra persona. La ley exige varios requisitos para que el endoso sea válido.

La *aceptación* es el acto por el cual el librado se compromete a pagar la letra a su vencimiento. La aceptación debe escribirse en la letra de cambio.

El *protesto* es el acto por el cual se hace constar que la letra no ha sido aceptada por el librado o que no ha sido pagada a su vencimiento. La ley exige el protesto como condición para poder exigir el pago de la letra ante los jueces o tribunales con los privilegios que la ley da a estos documentos. Para que el protesto sea válido debe hacerse ante un notario o un juez.

El *aval* es la garantía por escrito que da una tercera persona de pagar la letra de cambio a su vencimiento si el librado no lo hace.

MODELO DE LETRA DE CAMBIO

<table>
<tr>
<td>

Bueno por aval a favor del librado *A. Martínez* — Agustín Martínez

Aceptado *Miguel Jiménez* — Miguel Jiménez

</td>
<td>

LETRA DE CAMBIO

No. <u>46</u>   Por Bs <u>25.000,00</u>

Caracas, 30 de agosto de 1987

A <u>treinta días vista</u> se servirá usted pagar por esta ÚNICA DE CAMBIO, a <u>la Sra. Sonia Pérez</u> ,

la cantidad de <u>veinticincomil-------------</u> bolívares.

José A. Alonso
José A. Alonso

Al señor Miguel Jiménez
Caracas

</td>
</tr>
</table>

Apéndice H: Las solicitudes a la administración pública

En la mayoría de los países de habla española las comunicaciones de los particulares a la administración pública se redactan siguiendo cierto formulismo. A veces, hay formularios impresos que usted debe rellenar con los datos correspondientes, pero es frecuente que usted tenga que redactar totalmente su escrito. Si se trata de una petición o solicitud, frecuentemente el escrito recibirá el nombre de instancia o memorial. Este último nombre es más común en España que en la América Latina.

Una solicitud, instancia o memorial debe ajustarse al siguiente esquema:

Encabezamiento Contiene el tratamiento correspondiente al cargo que ocupa el destinatario. En España, se usan:

Para el rey: Majestad, S.M. (su majestad) y V.M. (vuestra majestad)

Para el príncipe heredero: Alteza Real, A.R.

Para los príncipes, princesas, infantes e infantas: Alteza, A.

Presidente del gobierno: Excelencia, Señor Presidente

Ministros de gobierno, Gobernadores civiles, Miembros del Tribunal Supremo de Justicia

Rectores de Universidades: Excelentísimo señor Subsecretarios y Directores Generales, Decanos de las distintas facultades

Directores de Segunda Enseñanza: Ilustrísimo señor

Miembros del cuerpo consular: Honorable

Cardenales: Eminencia Reverentísima

En los países de América Latina, los tratamientos varían bastante de unos países a otros. Las formas más usuales son las siguientes: Para el presidente de la República: Excelentísimo Señor, Su excelencia, Señor Presidente, Ciudadano Presidente (Venezuela)

Para los ministros de gobierno: Honorable señor ministro, Excelentísimo señor, Señor Ministro, Ciudadano Ministro (Venezuela)

Rectores de Universidades: Ilustrísimo señor rector, Ilustre señor rector

Para los demás altos funcionarios de la administración: Ilustre Señor, V.I. (vuestra ilustrísima), Respetable señor

Nota: En España, así como en la mayoría de los países de América Latina, debe anteponerse *Don* (D.) al nombre del funcionario.

Las partes de una solicitud son:

Identificación del peticionario Nombre de la persona, firma o razón social que presenta la solicitud.

Cuerpo Comienza en la forma *Expongo* (Expone), y a continuación detalla o explica las razones o motivos que tiene para hacer el pedido.

Pedido Comienza con la forma *Suplica* o *Solicita* y a continuación expone lo que solicita.

Fórmula de cortesía El escrito se cierra con la fórmula de cortesía correspondiente a la persona a que se dirige el escrito. En España, es frecuente el uso de formas religiosas: Dios guarde a (tratamiento), Es gracia que no dudo alcanzar de (tratamiento), cuya vida guarde Dios por muchos años. En los países de América Latina la fórmula se reduce a: Es favor que respetuosamente solicito, o simplemente, Es justicia que pido.

Lugar y fecha Al contrario de lo que sucede en las cartas, por lo general este tipo de comunicaciones se fecha al pie.

Firma Igual que en una carta.

Autoridad u órgano destinatario, también al pie de la página.

ESPAÑA: Solicitud de obras mayores

Ayuntamiento de Madrid
Alhambra 100
Madrid, España

Ilustrísimo señor:

Inmobiliaria Futuro, con sede en la Avenida de la Castellana, número 56, según plano que se acompaña adjunto, bajo la dirección del arquitecto D. Antonio Martínez Ruiz y por el contratista D. Carlos López Pérez, provisto de su correspondiente documentación y alta de licencia fiscal, a V.I.
SUPLICA: que teniendo por presentado este escrito, junto con la documentación que se acompaña, lo admita, considere a bien lo que en el mismo se manifiesta y, a su tenor, le sea concedida la licencia de obra de construcción del solicitado edificio.
Dios guarde a V.I. muchos años.
Madrid, a 5 de noviembre de 1987.

p. (por) Inmobiliaria Futuro

Manuel García Gómez
Presidente

EXCMO Sr. Alcalde del Ayuntamiento de Madrid

ESPAÑA: Solicitud de una licencia de apertura de establecimiento

Ayuntamiento de Oviedo
Alcázar 51
Sevilla, España

Ilustrísimo señor:

D. Adolfo Fuentes Romero, mayor de edad, casado, de profesión comerciante, con domicilio en Oviedo, calle 2 de Mayo, número 472, a V.I.

Expone:

Que desea abrir un local destinado al ejercicio del comercio de zapatos, en la calle Cervantes, no. 179, y a V.I.

Solicita:

Que tenga por presentado este escrito, lo admita y, a su tenor, le conceda la Licencia de Apertura de Comercio solicitada.
Es gracia que pido.
Oviedo, a 18 de febrero de 1987.

Adolfo Fuentes Romero
(firma)

Ilmo. Sr. Presidente del Ayuntamiento de Oviedo

ARGENTINA: Solicitud de Rubricación de Libros

Ministerio de Comercio
Departamento Rubricación de Libros
Hipólito Irigoyen 700
Buenos Aires, Argentina

Sr. Juez de Comercio:

Carlos Varona Duque, argentino, casado, mayor de edad, domiciliado en la calle Florida No. 716, en esta ciudad, comerciante establecido con el número 714-6, a V.S. (vuestra señoría) como mejor proceda digo:

Que para llevar en condiciones legales los libros de contabilidad de mi negocio de electrodomésticos, vengo a solicitar la rubricación de los que relaciono a renglón seguido:
   1 libro Diario con 500 fojas útiles
   1 libro Inventario con 200 fojas útiles
   1 libro de Caja con 400 fojas útiles
Por tanto, ruego a V.S. proveer de conformidad, que será justicia.

Carlos Varona Duque
(firma)

Nota: Estos modelos pueden usarse en cualquier otro país, cambiando los tratamientos, si es necesario, de acuerdo a la costumbre local.

Vocabulario

Español – inglés

Inglés – español

Vocabulario

A

a cargo de in charge of
a cuenta on account
a menudo often
a partir de from, since
a pesar de in spite of
a pie on foot
a principios de at the beginning of
a su alcance within reach
a través de through
abanderar to register
abandonado(a) vacated
abono (*m.*) fertilizer
abreviatura (*f.*) abbreviation
abundancia (*f.*) abundance
abundante abundant
aburrido(a) boring, bored
acaparar to monopolize
acceso (*m.*) access, entry
accesorio (*m.*) accessory
accidentalmente by chance
aceite de oliva (*m.*) olive oil
aceituna (*f.*) olive
acelerar to accelerate
acero (*m.*) steel
acertado(a) correct
acertar to guess correctly, be right
aconsejar to advise
acordarse (de) to remember
acreedor (*m.*) creditor
actitud (*f.*) attitude
actividad (*f.*) activity
activo (*m.*) assets
actual present, current
actualmente nowadays
acudir to come (go) to the rescue
acuerdo (*m.*) agreement
acusar to accuse

adecuado(a) adequate
adelantado(a) advanced
además furthermore
adeudo (*m.*) debit, indebtedness
adiestramiento (*m.*) training
adjetivo (*m.*) adjective
administración (*f.*) administration, management
administrador (*m.*) administrator
adoptar to adopt
aduana (*f.*) customs
aéreo(a) air
aerolínea (*f.*) airline
aeropuerto (*m.*) airport
afectar to affect
afiliado (*m.*) member
aforar to appraise
agencia (*f.*) agency
agente (*m.*) agent
agradecimiento (*m.*) thanks
agrícola farming
agricultura (*f.*) agriculture
ahorro (*m.*) savings
ahorro doméstico domestic savings
aislamiento (*m.*) isolation
ajustar to adjust
al cabo finally
al cabo de at the end of
al mismo tiempo at the same time
al tiempo que while, at the time that
alarmar to alarm
alcanzar to reach, amount to
alcoholero(a) spirits (*industry*)
alegar to claim that
alemán(a) German
alentador(a) promising, encouraging

alentar to encourage
alguno(a) some, any
alimenticio(a) foodstuff
alimento (*m.*) food
alto(a) high
aluminio (*m.*) aluminum
alza (*m.*) rise
ambición (*f.*) ambition
americano(a) (*m., f.*) American
amistad (*f.*) friendship
ampliamente extensively
amplio(a) ample, extensive, wide
analizar to analyze
anotación (*f.*) entry
anotar to enter, record
anterior former, previous, aforementioned
antiguo(a) old
antillano(a) Antilles (*of the*)
antimonio (*m.*) antimony
anualmente annually
anular to cancel
anunciar to advertise
anuncio (*m.*) announcement, ad
añadir to add
año (*m.*) year
año fiscal fiscal year
año natural calendar year
aparato (*m.*) appliance
aparecer to appear
aparente apparent
aparición (*f.*) appearance
apelar to have recourse to
apertura (*f.*) opening
apoyo (*m.*) support
apreciable appreciable
aprobar to approve
aprovechar to take advantage of, make use of

arable arable, tillable
araña (f.) spider
arbitraje (m.) arbitration
archipiélago (m.) archipelago
área de trabajo work area
artesano (m.) craftsman
artículo (m.) item
artículos de consumo consumer goods
ascenso (m.) promotion
asegurar to guarantee
asentar to enter, record
asesorar to advise
así so, like this (that)
así como as well as
asiático(a) Asian
asiento (m.) entry
asiento en el diario journal entry
asignar to assign
asistencia (f.) assistance
asociado(a) associate
aspiración (f.) goal
astillero (m.) shipyard
asumir to assume
atender to pay attention to, assist
atractivo(a) attractive
atravesar to pass through, go through
auge (m.) importance
aumentar to increase
aumento (m.) increase
aun cuando even when
aun más even more than
aunque although
ausentismo (m.) absenteeism
austeridad (f.) austerity
autoabastecerse to supply itself with
autobús (m.) bus
automotor (automotriz) automotive
automóvil (m.) car
autopista (f.) freeway, highway
autoridad (f.) authority
autorizar to approve
auxiliar ancillary, auxillary
avanzado(a) advanced
avanzar to advance
averiguar to find out
avión (m.) plane
ayuda (f.) help, assistance
azúcar (m.) sugar
azúcar cruda brown sugar
azucarero(a) sugar

B

bagazo (m.) husk of sugarcane
baja (f.) drop, fall
bajar to go down
bajo(a) low
balance de comprobación trial balance
balance general balance sheet
banano(a) (m., f.) banana
banca (f.) banking
bancario(a) bank, banking
bancarrota (f.) bankruptcy
banco (m.) bank
banco de capitalización institution that accepts deposits whose principal is repaid at maturity
banco de fomento development bank
bandera (f.) flag
barato(a) cheap, inexpensive
barco (m.) boat, ship
barril (m.) barrel
basarse en to be based on
base (f.) basis
básico(a) basic
basta enough
bastante enough
bauxita (f.) bauxite
bebida (f.) drink
beneficiar to benefit, profit
beneficio (m.) profit
beneficios adicionales fringe benefits
bienes (m.) property, wealth
bienes raíces real estate
bilingüe bilingual
borde (m.) brink, edge
brevemente briefly
bruscamente suddenly
bueno(a) good
bulto (m.) bundle
buque (m.) ship

C

cadena (f.) chain
café (m.) coffee
cafetera (f.) coffee pot, coffee machine
caja contadora (f.) cash register
caja postal de ahorro post office savings bank
caja registradora (f.) cash register
cajero (m.) cashier

calcular que to reckon that
calidad (f.) quality
calificaciones (f.) qualifications
calificado(a) qualified
calificar to describe
cama de agua (f.) waterbed
cámara (f.) chamber
cambiar(se) to be exchanged for
cambio (m.) exchange, change
campaña (f.) campaign
campesino (m.) farm worker
canal (m.) channel
candidato(a) (m., f.) candidate
cansado(a) tired
cantidad (f.) quantity, amount
caña de azúcar (f.) sugarcane
cañero sugarcane
capacidad (f.) capacity, capability, talent
capacitación (f.) training
capacitado(a) competent
capataz (m.) foreman
capaz capable
capital (m.) funds
carbón (m.) coal
carburante (m.) fuel
carga (f.) cargo, loading
cargado(a) charged
cargar to carry
cargo (m.) position
carguero (m.) freighter
carne (f.) meat
carrera (f.) career, profession
carretera (f.) highway
cartón (m.) cardboard
casa (f.) firm
casado(a) married
casi almost
caso (m.) case
catálogo (m.) catalog
categoría (f.) grade, category
causa (f.) cause
celebrar to conclude
centenar (m.) hundred
centro siderúrgico iron and steel center
cerrar to close
chorizo (m.) pork sausage
cientos hundreds
cierto(a) certain, sure
cifra (f.) quantity, amount
cinc (m.) zinc
circulación (f.) circulation
circular to circulate
cítrico (m.) citrus fruit

ciudadanía (*f.*) citizenship
clasificar to classify
cláusula (*f.*) clause
clave (*f.*) key
cliente (*pl.* **clientela**) (*m., f.*)
    client, customer
clima (*m.*) climate
coartada (*f.*) alibi
cobrar to collect
cobre (*m.*) copper
cocido(a) cooked
código (*m.*) code, statute
código civil (*m.*) civil laws
código laboral (*m.*) labor laws
código mercantil (*m.*)
    commercial laws
código penal (*m.*) penal code
colaboración (*f.*) collaboration,
    cooperation
colaborar to collaborate,
    cooperate, assist
colchón (*m.*) mattress
colonizador (*m.*) colonist
combustión (*f.*) combustion
comenzar to begin
comercial commercial
comercialización (*f.*) marketing
comercializado(a) marketed
comerciante (*m.*) dealer, trader,
    merchant
comercio (*m.*) store
cometer un error to make a
    mistake
comisionista (*m., f.*)
    commission (*someone working*
    on)
como like
compañero(a) (*m., f.*) coworker
compañía (*f.*) company
compañía telefónica telephone
    company
comparar to compare
compensar to compensate for
competidor(a) competitive
competidor(a) (*m., f.*) competitor
competir to compete
compilado(a) compiled
complacer to please
complejo(a) complex (*adj.*)
complejo (*m.*) complex
comprar to buy
comprender to understand,
    include
comprobar to check
comprometer to render
    accountable, bind

computadora (*f.*) computer
comunicar to get in touch,
    communicate
comunismo (*m.*) Communism
comunmente commonly
con vistas a with the possibility
    of, looking at
concebido(a) conceived
conceder to grant
concesión (*f.*) granting
conciliación (*f.*) settlement,
    reconciliation
conclusión (*f.*) conclusion
concreto(a) concrete
condición (*f.*) condition
condiciones de trabajo working
    conditions
confección (*f.*) manufactured
    article, ready-made garment
confeccionar to prepare, draw
    up
confiable reliable
confiscar to confiscate
conflicto laboral labor dispute
conjunto (*m.*) group
conocer to know
conocimiento (*m.*) knowledge
consecuencia (*f.*) consequence
conseguir to get, obtain
consejo (*m.*) advice
conservador(a) conservative
consideración social social
    status
considerar to consider
consistir to consist of
constancia (*f.*) evidence
construcción (*f.*) construction
constructor(a) building,
    construction
construido(a) constructed, built
consulta (*f.*) consultation
consumidor(a) (*m., f.*)
    consumer
consumo (*m.*) consumption
contabilidad (*f.*) accounting
contar con to rely on
contenedor (*m.*) container
contener to contain
contenido (*m.*) content
continuamente continuously
contrabando (*m.*) contraband,
    smuggling
contratación (*f.*) employment,
    hiring
contratar to sign a contract,
    hire

contrato (*m.*) contract
contribuir to contribute
control (*m.*) control
controlar to control
conveniente suitable,
    advantageous
convenio (*m.*) agreement
convenir to be good for
convertirse to become
corporación (*f.*) corporation
corporaciones no lucrativas
    non-profit organizations
corredor(a) (*m., f.*) agent,
    broker
correo (*m.*) mail
correspondencia (*f.*)
    correspondence
corromper to corrupt
cortar to cut
corto(a) short
cosa (*f.*) thing
cosecha (*f.*) crop, harvest
costar to cost
coste(o) (*m.*) cost
costoso(a) expensive
costumbre (*f.*) habit
creación (*f.*) creation
crear to create, originate
creciente growing, increasing
crecimiento (*m.*) growth
crédito (*m.*) credit
criba (*f.*) screen
crisis económica (*f.*) economic
    crisis
crítica (*f.*) criticism
crítico(a) critical
cronológicamente
    chronologically
crucero (*m.*) cruise ship, cruise
cruzar to cross
cuadruplicar to quadruple
cuando se trate de in the case of
cuarto(a) fourth
cuenca (*f.*) basin
cuenta (*f.*) account
cuenta acreedora credit account
cuenta deudora debit account
cuestión (*f.*) matter, question
cuidado (*m.*) care
culpar to blame
cultivo (*m.*) cultivation,
    planting
cumplir to fulfill, comply with
cundir to spread
curioso(a) curious
cuyo(a) whose

D

danza (*f.*) dance
dar pasos firmes to take firm measures
darse cuenta de to realize
dato (*m.*) fact, information
de of, from
de habla española Spanish speaking
de vez en cuando from time to time
deberse a to be due to
debido a due to
década (*f.*) decade
decenio (*m.*) decade
decidir to decide
décimo-primer(a) eleventh
décimo-tercero(a) thirteenth
dedicado(a) devoted
dedicar to dedicate
defender to defend
déficit (*m.*) deficit
del mismo modo in the same way
delegar to delegate
delicias (*f.*) delicacies
delicioso(a) delicious
demanda (*f.*) demand
demás others
demora (*f.*) delay
demostrar to prove
denegar to deny, reject
dental dental
depender to depend
deposito (*m.*) deposit
derecho (*m.*) right, law
desagradable unpleasant
desalentar to discourage
desaparecer to drop out of sight, disappear
desarrollo (*m.*) development
descarga (*f.*) unloading
descargar to unload
descendiente (*m., f.*) descendant
descubrimiento (*m.*) discovery
descuento (*m.*) discount
desde el tiempo de los moros from time immemorial
desdeñar to scorn, despise
desempeño (*m.*) discharge, performance
desempleado(a) unemployed
desempleo (*m.*) unemployment
deseoso(a) eager, anxious
desgano (*m.*) unwillingness, lack of motivation

desgraciadamente unfortunately
desmantelar to dismantle
desmentir to refute
despedir to fire, dismiss
después after
destacar to point out
destinado(a) intended for
desventaja (*f.*) disadvantage
detallado(a) detailed
detallista (*m., f.*) retailer
detener(se) to hold up, stop
determinado(a) certain, fixed
deuda (*f.*) debt
devaluación (*f.*) devaluation
diario(a) daily
diario (*m.*) journal, daily newspaper
dificultar to obstruct
dirección (*f.*) management
directamente directly
directivo(a) leadership
director(a) comercial (*m., f.*) marketing director
directorio (*m.*) phone book, directory
dirigente (*m., f.*) manager, leader
dirigido(a) oriented
dirigir to manage, direct
discriminación (*f.*) discrimination
discriminado(a) discriminated
diseñado(a) designed
disfrutar to have the benefit of
disminuir to decrease, lessen
disposición (*f.*) disposition, stipulation
disposición legal (*f.*) legal provision
dispuesto(a) ready
distinguir to distinguish, recognize
distinto(a) different
distribución (*f.*) distribution
distribuidor(a) (*m., f.*) dealer
distribuir to distribute, assign
diverso(a) various
dividir to classify, divide
divisas (*f.*) foreign exchange
dominar to know well
dulces en almíbar preserved fruit

E

economía (*f.*) economics
económico(a) financial, economic

economista (*m., f.*) economist
edad media Middle Ages
editar to publish
editor(a) (*m., f.*) publisher
efectividad (*f.*) effectiveness
efectivo(a) efficient
eficaz efficient
egreso (*m.*) outlay
ejecutivo(a) executive
ejemplo (*m.*) example
eléctrico(a) electrical
electrodoméstico (*m.*) household appliance
electrónico(a) electronic
eliminación (*f.*) elimination
eliminar to eliminate
embarcar to embark
emisión (*f.*) issue
emitir to issue
empaquetado (*m.*) packaging
empeñado(a) engaged
empezar to begin
empleado(a) used
empleado(a) (*m., f.*) employee
emplear to employ
empleo (*m.*) job
empresa (*f.*) company, firm
empresarial business
empresario(a) (*m., f.*) manager, entrepreneur
en in, at
en bruto raw, unworked
en busca de in search of
en consecuencia accordingly, in consequence
en cuanto a with regard to
en efectivo in cash
en gran medida to a great extent
en lugar de instead of
en principio in principle
en relación con in relationship to
en vías de in the process of
encabezamiento (*m.*) heading
encargado de (a) entrusted to
encargar(se) de to be in charge of
encontrarlos to find them
encuesta (*f.*) poll
endeudarse to get into debt
energía (*f.*) energy
enfrentamiento (*m.*) confrontation
engañoso(a) misleading
enojarse to get upset, get angry

enorme enormous
ensambladora assembly
enterarse to learn, find out
entidad (*f.*) organization
entonces then
entornar to half close
entrada (*f.*) entrance
entrar to enter
entre between, among
entrega (*f.*) delivery
entrenable trainable
entrenado(a) trained
entrenamiento (*m.*) training
entrevista (*f.*) interview
entusiasmo (*m.*) enthusiasm
envasadora (*f.*) packing plant
envío (*m.*) shipment
época (*f.*) period
equipar to equip
equipo (*m.*) equipment, team
equitativamente fairly
equivalente equivalent
equivaler to be equivalent
equivocarse to make a mistake
error (*m.*) error, mistake
escala (*f.*) scale
escasear to be scarce
escasez (*f.*) scarcity, shortage
escaso(a) scarce
escoger to choose
escrupuloso(a) scrupulous
esencia (*f.*) essence
esfuerzo (*m.*) effort
espacio (*m.*) space
español(a) Spanish
especial special
específico(a) specific
espectacular spectacular
estabilidad (*f.*) stability
estable stable
establecer to establish, set up
establecimiento (*m.*)
  establishment
estadística (*f.*) statistics
estado (*m.*) state
estado de pérdidas y ganancias
  profit and loss statement,
  income statement
estado financiero financial
  statement
estadounidense American
estampilla (*f.*) stamp
estaño (*m.*) tin
estar a cargo de to be in charge
  of
estar a punto de to be about to

estar al alcance de la mano to
  be readily available
estar seguro to be sure, be
  certain
estatal state
estibador (*m.*) stevedore
estimado (*m.*) estimate
estimar to estimate, believe
estipulación (*f.*) stipulation,
  proviso
estipular to stipulate
estrictamente strictly
estudio (*m.*) study
etapa (*f.*) stage, phase
etileno (*m.*) ethylene
etiqueta (*f.*) label
etiquetaje (*m.*) labeling
étnico(a) ethnic
evadir al fisco to evade taxation
evaluación (*f.*) evaluation
evaluar to evaluate
evitar to avoid
exactitud (*f.*) exactness,
  accuracy
examinar to examine
excepción (*f.*) exception
excepcional exceptional
excepto except
exención (*f.*) exemption
exento(a) exempt, free from
exigencia (*f.*) demand
exigir to demand, call for
exilado(a) exiled
éxito (*m.*) success
expedición (*f.*) expedition
experiencia (*f.*) experience
experimentar to experiment
experto(a) (*m., f.*) expert
explicación (*f.*) explanation
explicar to explain
explotación (*f.*) operation,
  running
exportación (*f.*) exports,
  exportation
exportador(a) (*m., f.*) exporter
expresarse to express oneself
extender to extend
extracción (*f.*) extraction
extraer to extract, mine
extralaboral outside of work
extranjero(a) foreign

F

fábrica (*f.*) factory
fabricación (*f.*) manufacture

fabricante (*m., f.*)
  manufacturer
fabricar to manufacture
fácil easy
facilidad (*f.*) facility
fácilmente easily
factura (*f.*) bill, invoice
fallecido(a) (*f.*) deceased
fallo (*m.*) error, mistake
falta (*f.*) lack
familiar family
fantasma (*m.*) ghost, phantom
farmacéutico(a) pharmaceutical
fascista (*m., f.*) fascist
fase (*f.*) phase, stage
favorecido(a) favored
favorito(a) favorite
fecha (*f.*) date
feliz happy
fenómeno (*m.*) phenomenon
ferrocarril (*m.*) railroad
ferroviario(a) railway
fertilizante (*m.*) fertilizer
fianza (*f.*) bail bond
fijado(a) fixed
fijarse to take notice
filosofía (*f.*) philosophy
financiado(a) financed
financiamiento (*m.*) financing
finanzas (*f.*) finances
firma (*f.*) company, signature
flor (*f.*) flower
florecer to flower
flota (*f.*) fleet
fluctuar to fluctuate
folio (*m.*) page, folio
fomento (*m.*) development
fondo (*m.*) fund
foráneo(a) foreign
forestal forest
forma (*f.*) form
formación (*f.*) training
formación profesional acelerada
  quick professional training
formada por made up of
formalidades (*f.*) formalities
fortuna (*f.*) fortune, luck
fracasar to fail
frase (*f.*) phrase
frecuente frequent
freír to fry
fresco(a) fresh
frigorífico (*m.*) frigorific
frijoles refritos refried beans
frontera (*f.*) border (*n.*)
fronterizo(a) border (*adj.*)

fruta (*f.*) fruit
fuente (*f.*) source
fuera outside
fuerza de trabajo labor force
función (*f.*) function
funcionamiento (*m.*) operation
funcionario(a) (*m., f.*) official
fundamentalmente basically
fundir to merge
futuro(a) future (*adj.*)
futuro (*m.*) future (*n.*)

G

ganador(a) winning
ganancia (*f.*) profit
ganancias (*f.*) profit
ganar to win, earn
garantizar to guarantee
gasolina (*f.*) gasoline
gastar to spend
gasto (*m.*) expenses, cost
generación (*f.*) generation
generalizado(a) generalized
generalmente generally
generar to generate
gerente (*m., f.*) director general
gigantesco(a) gigantic
gobernante (*m., f.*) leader
gobierno (*m.*) government
golpear to strike, hit
grado (*m.*) degree
grande large
granelero (*m.*) grain bulk carrier
grano (*m.*) bean, grain
grave serious
gusto (*m.*) taste

H

habichuelas coloradas (*f.*) red beans
habilidad (*f.*) ability
habitante (*m., f.*) inhabitant
hábitos de compra purchasing habits
hacer to make
hacer escala en to stop at
hacer juicios a la ligera to jump to conclusions
hacerlos llegar a to make them reach
hacerse cargo de to take charge of, take responsibility for

hacia toward
hasta up to
hecho (*m.*) fact, factor
herencia (*f.*) inheritance
herramienta (*f.*) tool
hervir to boil
higiénico(a) sanitary
hispánico(a) Hispanic
hogar (*m.*) home
honrado(a) honest
hospitalización (*f.*) hospitalization
hostería (*f.*) inn
huelga (*f.*) strike
huevo (*m.*) egg
huir to run away
humillación (*f.*) humiliation

I

ideológico(a) ideological
idioma (*m.*) language
igual the same, similar, equal
igualar to compare
imbuir to infuse, imbue
imponerse to impose itself
importación (*f.*) imports, importation
importador(a) (*m., f.*) importer
impresión (*f.*) printing
impuesto (*m.*) tax
impulso (*m.*) impulse
inapropiado(a) inappropriate, unsuitable
incapaz incapable
incierto(a) uncertain
incluir to include
incómodo(a) uncomfortable
inconsciente subconscious
incrementar to increase
incremento (*m.*) increase
incumplimiento (*m.*) non-fulfillment
incumplimiento de un contrato breach of contract
indemnización (*f.*) indemnification, compensation
indicar to show, record
indirectamente indirectly
indispensable essential, indispensable
indocumentados(as) (*m., f.*) undocumented workers
industria (*f.*) industry
industria de la aguja clothing industry
industria del vestido garment industry

industria del vestido garment industry
industrial industrial
industrialización (*f.*) industrialization
inestabilidad (*f.*) instability
inflación (*f.*) inflation
informe (*m.*) report
infraestructura (*f.*) infrastructure
ingeniería (*f.*) engineering
ingeniero(a) (*m., f.*) engineer
inglés (*m.*) English
ingresar to join
ingreso (*m.*) income, revenue
inicial initial
inicialmente initially
injustamente unjustly
inmigración (*f.*) immigration
inmigrante (*m., f.*) immigrant
insecticida (*m.*) pesticide
inspeccionar to inspect
inspector(a) (*m., f.*) inspector
instalación (*f.*) installation
instalar to install
institución de crédito lending institution, loan company
instituto (*m.*) institute
instructor(a) (*m., f.*) instructor
insuficiente insufficient
integración (*f.*) integration
intentar to attempt
intercambiar to exchange
intercambio (*m.*) exchange
interés (*m.*) interest
interesado(a) interested
interesante interesting
intermediario(a) (*m., f.*) middleman
interno(a) internal
intervenir to intervene, take part
invención (*f.*) invention
inventar to invent, make up
inversión (*f.*) investment
inversionista (*m., f.*) investor
invertir to invest
investigación (*f.*) research
investigación de mercados marketing research
ira (*f.*) rage
irradiar to radiate
isla (*f.*) island
italiano(a) Italian
itinerario (*m.*) itinerary, route
izquierdista left-wing

J

japonés(-esa) Japanese
jornada (f.) hours of work, shift
jornalero(a) (m., f.) laborer
joven (m., f.) young
juez (m., f.) judge
jugar to play
junio (m.) June
junta (f.) board, committee
juntos together
justicia (f.) justice
justo(a) just
juzgar to judge

L

la segunda guerra mundial Second World War
laboral labor
lamentable regrettable
lanzar to launch
largo(a) long
legislación (f.) legislation
ley (f.) law
ley general tributaria (f.) tax laws
librarse de to escape from
libre free
líder (m., f.) leader
ligero(a) light
limitado(a) limited
limitar to limit
limpio(a) clean
línea (f.) line
lista (f.) list
lo ajeno somebody else's
lo normal the normal
localmente locally
lógico(a) logical
lograr to obtain
lucha (f.) struggle
lucrativo(a) profitable

Ll

llamar la atención to correct
llamar(se) to be called
llanura (f.) plain
llegar to reach, arrive at
llevar a cabo to conduct
llevar(se) a cabo to be conducted

M

madurar to ripen
magnífico(a) magnificent

mala voluntad ill will
mandar to send
manejar to handle, manage
manejo (m.) handling, managing
manera (f.) way
manganeso (m.) manganese
mano de obra labor
mantener to maintain
mantenimiento (m.) maintenance
marca (f.) brand
marido (m.) husband
marisco (m.) seafood
marítimo(a) maritime
materia prima (f.) raw material
matriz (casa matriz) (f.) headquarters, holding company
mayor main, major
mayor (m.) general ledger
mayor parte most of
mayorista (m.) wholesaler
mayoritario(a) majority
mecanización (f.) mechanization
mecanizar to mechanize
mediano(a) medium-sized
mediante by means of
medicina (f.) medicine
médico(a) medical
medida (f.) measure
medio publicitario advertising medium
mejor better, best
mejorado(a) improved
mejoramiento (m.) improvement
mejorar to improve
mena (f.) ore
mencionar to mention
mensajero(a) (m., f.) messenger
mensualmente monthly
mercadeo (m.) marketing
mercado (m.) market
mercado común europeo European Common Market
mercancía (f.) merchandise, goods
mercante merchant
mercantil commercial, mercantile
merecer to deserve
metalúrgico(a) metallurgic
método (m.) method
metrópoli (f.) mother country
mezcla (f.) mix
miel (f.) molasses
miembro (m.) member

mientras while
mientras tanto meanwhile
milagro (m.) miracle
millón (m.) million
millonario(a) (m., f.) millionaire
mina (f.) mine
mineral (m.) mineral
mineral de hierro (m.) iron ore
minería (f.) mining
minero(a) mining
mínimo(a) minimum
minoría (f.) minority
minoritario(a) minority
miseria (f.) destitution, poverty
mismo(a) same
mitad (f.) half
modernizar to modernize
moneda (f.) money, currency
montañoso(a) mountainous
motivado(a) caused
motivo (m.) motive, reason
motor (m.) motor
movimiento (m.) movement, transfer
muestra (f.) sample
muestrario (m.) samples, sample case
multinacional (f.) multinational corporation
mundial world, world-wide
mundo (m.) world

N

nacido(a) born
nacional national
nacionalización (f.) nationalization
nacionalizar to nationalize
naviero(a) shipping
necesario(a) necessary
necesidad (f.) need
negar to deny
negativo(a) negative
negociante (m., f.) businessman (woman)
negociante, hombre (mujer) de negocios (m., f.) businessman (woman)
negocio (m.) business
negro(a) black
níquel (m.) nickel
nitrato (m.) nitrate
nitrógeno (m.) nitrogen
nivel (m.) level
nivel de producción production level

nivel de vida (*m.*) standard of living
no es cierto it isn't true
no obstante nevertheless, however
nombrar to appoint
nombre (*m.*) name
nota (*f.*) note
notable noteworthy
notablemente notably
notario público (*m.*) notary public
noticia (*f.*) news
novato(a) (*m., f.*) beginner
nuestro our, ours
numeroso(a) numerous
nunca never

O

objetivo (*m.*) objective, goal
obligación (*f.*) obligation, duty
obligado(a) forced
obligar to force
obras públicas (*f.*) public works
observar to observe
obsoleto(a) obsolete
obstáculo (*m.*) obstacle
obtener to obtain
obvio(a) obvious
ocasionar to cause
octanaje (*m.*) octane rating
ocuparse de to concern oneself with
oferta (*f.*) supply
oficial (*m.*) officer, official
oficina del censo de EE.UU. U.S. Bureau of the Census
oficinista (*m., f.*) clerk
oficio (*m.*) craft, trade
ofrecer to supply, offer
ola (*f.*) wave
oleoducto (*m.*) pipeline
opción (*f.*) option
operar to operate
operario(a) (*m., f.*) worker, operator
oportunidad (*f.*) opportunity
optimista optimistic
óptimo(a) optimum, very best
optometría (*f.*) optometry
orbe (*m.*) world
orden (*f.*) command
ordenar to mandate, order
organismo (*m.*) organization, institution
orientado(a) positioned

originado(a) originating from
oro (*m.*) gold
oro negro oil, petroleum

P

paciencia (*f.*) patience
pagadero(a) payable
pagado(a) paid
pagar to pay
páginas amarillas yellow pages
país (*m.*) country
países exportadores de petróleo oil exporting countries
papel (*m.*) paper, role
paquete (*m.*) package
para for, by, to, in order to
para colmo de males to make matters worse
para mediados de los 80 by the middle of the 80's
paralizar to come to a standstill
paro (*m.*) work stoppage
parte (*f.*) part
partes (*f.*) contracting parties
participación (*f.*) participation
particular peculiar
partir de to start from
pasado(a) last
pasajero(a) (*m., f.*) passenger
pasar to pass, exceed
pasar a poder de to pass into the possession of
pase al mayor entry in the general ledger
pasivo (*m.*) liabilities
patrocinar to sponsor, support
patrón (*m.*) pattern, standard
patrono (*m.*) employer
pavimentado(a) paved
pedir to ask for
pedir prestado to borrow
peligroso(a) dangerous
penetrar to penetrate, infiltrate
peor worse, worst
perder to lose
perder los estribos to lose one's temper
pérdida (*f.*) loss
perecedero(a) perishable
perfectamente perfectly
periódico (*m.*) newspaper
período (*m.*) period
período contable accounting period
perito (*m.*) expert
perjuicio (*m.*) damage

persona (*f.*) person
persona física individual
persona jurídica corporation, legal entity
persona natural individual
personal (*m.*) personnel
perspectiva (*f.*) perspective, outlook, prospect
persuadir to persuade
pertenecer to belong
pervivir to survive
pesado(a) heavy
pescado (*m.*) fish
peso (*m.*) weight
peso muerto (*m.*) dead weight
pesquero(a) fishing
petróleo (*m.*) oil, petroleum
petrolera (*f.*) oil industry
petroquímica (*f.*) petrochemical industry
petroquímico(a) petrochemical
pie cúbico (*m.*) cubic foot
pienso (*m.*) feed
plan (*m.*) plan
plana (*f.*) page
planear to plan
planificación (*f.*) planning
planta de ensamblaje assembly plant
plantación (*f.*) plantation
plata (*f.*) silver
plomo (*m.*) lead
población (*f.*) population
poder (*m.*) power
poder to be able to
poder adquisitivo purchasing power
polémica (*f.*) polemic, controversy
política (*f.*) policy, politics
político(a) political
póliza (*f.*) certificate, policy
póliza de capitalización certificate issued by a *banco de capitalización*
poner to put
poner en peligro endanger
poner trabas to shackle, restrain
por for, by, through, along
por debajo below
por ejemplo for example
por el contrario on the contrary
por lo común generally
por tanto therefore
por temor a for fear of

por virtud de in virtue of
porcentaje (*m.*) percentage
portuario(a) harbor
posiblemente possibly
pozo (*m.*) well
práctica (*f.*) practice
precio (*m.*) price
predecir to forecast
predicción (*f.*) forecast, prediction
preferencia (*f.*) preference
preferencial preferential
preferir to prefer
presentado(a) presented
préstamo (*m.*) loan
prestar to loan
prestar atención to pay attention to
prestar servicios to furnish services, work
presupuesto (*m.*) budget
prima (*f.*) premium
primero(a) first
primordial basic, essential
privado(a) private
privatización (*f.*) privatization
probar to prove
problema (*m.*) problem
procedente coming from
procedimiento (*m.*) procedure
procesamiento (*m.*) processing
proceso (*m.*) process
producción (*f.*) production
producido(a) produced
producir to produce
productividad (*f.*) productivity
producto (*m.*) product
producto doméstico bruto gross national product (GNP)
productor(a) (*m., f.*) manufacturer
prometedor(a) promising
promoción (*f.*) promotion
promotor(a) (*m., f.*) promoter
promover to promote
pronóstico (*m.*) forecast
pronto soon
propaganda (*f.*) advertising
propicio(a) favorable
propiedad property
propietario(a) (*m., f.*) owner
propio(a) own, special
proponer to propose
proporcionalmente proportionally
protección (*f.*) protection
proteger to protect

protestar to protest
provecho (*m.*) benefit
proveedor(a) (*m., f.*) supplier
provenir to come from
proyecto (*m.*) project
prueba (*f.*) proof
psicología (*f.*) psychology
publicar to publish
publicidad (*f.*) publicity
publicitario(a) advertising
público(a) public
puente (*m.*) bridge
puerto (*m.*) port
pues for
puesto (*m.*) job
pulgada (*f.*) inch
punto (*m.*) matter

Q

quebrar to go bankrupt
quedar to be located
quedar bien to come off well
quiebra (*f.*) bankruptcy
químico(a) chemical
quinientos(as) five hundred
quitar to take away
quizás perhaps

R

radicar to reside in
radio (*f.*) radio
rápidamente rapidly
razón (*f.*) reason
realidad (*f.*) reality
realizar to accomplish
rebaja (*f.*) reduction
recibo (*m.*) receipt
recién llegados just arrived
recientemente recently
recíproco(a) reciprocal, mutual
reclamación (*f.*) claim
recolección (*f.*) collection, gathering
recomendación (*f.*) recommendation
recomendar to recommend
reconocimiento (*m.*) recognition
reconversión (*f.*) reconversion, refurbishment
recorrer to cover
recuperar to recover
recurrir to turn to
recursos (*m.*) resources
red (*f.*) network
redactar to write, to draft

redescuento (*m.*) discount
reducir to reduce, cut
referencia (*f.*) reference
referente relating
referirse to refer to
refinar to refine
refinería (*f.*) refinery
refrigerado(a) air-conditioned, cooled, refrigerated
regirse to be ruled
registro (*m.*) register
registro bruto gross weight
reglamento (*m.*) regulation
regular to regulate
relación (*f.*) interplay
relativo(a) relating to
releer to reread
remolacha (*f.*) beet
remunerado(a) paid
rendir to yield
renglón (*m.*) item, line
rentabilidad (*f.*) return
renunciar to give up
representante (*m., f.*) representative, agent
representar to represent
requerir to require
requisito (*m.*) requirement
reservar to reserve
reservas estratégicas strategic reserves
residente resident
respaldar to support, endorse
respeto (*m.*) respect
responder to respond, result from
responsabilidad (*f.*) responsibility
responsable responsible
respuesta (*f.*) reply
resto (*m.*) rest
restricción (*f.*) restriction
restrictivo(a) restrictive
resultado (*m.*) result
resultar to turn out
revisar to check
riesgo (*m.*) risk
riesgoso(a) risky
riqueza (*f.*) wealth, richness
ritmo (*m.*) rate, rhythm
ropa (*f.*) clothes
ruta (*f.*) route

S

sabor (*m.*) flavor
sacar to take out

salario (*m.*) wages
saldo (*m.*) balance
salsas picantes hot sauces
salud (*f.*) health
salvar to save
satisfacer(se) to satisfy
sección (*f.*) section
sede (*f.*) headquarters
seguir en pie to remain
según according to
segundo (*m.*) second
seguramente surely
seguridad social (*f.*) social
   security
seguro (*m.*) insurance
seleccionar to choose, select
semiconductor (*m.*)
   semiconductor
sensato(a) sensible
sentido (*m.*) sense
sentir to feel
señalar to point out
ser to be
ser humano human being
ser originario de to come from
serenidad (*f.*) serenity
servicios (*m.*) service industries
servir to serve
sexto(a) sixth
sí mismo oneself
siglo (*m.*) century
significativo(a) significant
similar similar
sin embargo however
sindicato (*m.*) trade or labor
   union
sino but
sintético(a) synthetic
sintonizar to tune in
sistema (*m.*) system
sobre over, about
sobre todo above all
social social
sociedad mercantil (*f.*)
   commercial corporation
socio (*m.*) partner
sofisticado(a) sophisticated
solicitante (*m., f.*) applicant
solicitud (*f.*) application
sólo only
solución (*f.*) solution
someterse a to submit to
sostener to sustain, support
subdesarrollado(a)
   underdeveloped
súbito sudden
subordinado(a) (*m., f.*)
   subordinate, employee

subproducto (*m.*) byproduct
subsistir to survive
subvención (*f.*) subsidy
subvencionado(a) subsidized
suceder to happen
sucursal (*f.*) branch
sudeste (*m.*) southeast
sueldo (*m.*) wages
sufrir to suffer
sugerente thought-provoking
sugerir to suggest
suministrar to supply
suministro (*m.*) supply
superar to surpass, overcome
supermercado (*m.*) supermarket
superpoblado(a) overpopulated
supervisor(a) (*m., f.*) supervisor
suponer to suppose
surgido(a) emerged
surgir to emerge, arise
suroeste (*m.*) southwest
suscriptor(a) (*m., f.*) subscriber
sustituir to substitute
suyo(a) yours, his, hers, theirs

T

tabaco (*m.*) tobacco
tal vez perhaps
taller (*m.*) repair shop
tamaño (*m.*) size
tanque (*m.*) tanker
tanto so much
tarde late
tarea (*f.*) task
tarifa (*f.*) tariff
tasa (*f.*) rate
tasa de interés interest rate
tasajo (*m.*) beef jerky
taza (*f.*) cup, mug
técnico (*m.*) technician
tecnología (*f.*) technology
tedioso(a) boring, tedious
tela de araña spider's web
teléfono (*m.*) telephone
televidente (*m., f.*) television
   viewer
televisión (*f.*) television
televisión por cable (*f.*) cable
   television
tendencia (*f.*) trend, tendency
tender to tend to
tener to have
tener que to have to
tener en cuenta to take into
   account
tensión (*f.*) stress, strain

tercio (*m.*) third
terminar to end
terreno (*m.*) ground
terrestre ground, land
textil textile
tierra (*f.*) land
típico(a) typical
tipo (*m.*) type, kind
título (*m.*) job title
todo el mundo everybody
todos all
toma (*f.*) capture, taking of
tomar decisiones to decide
tomar en cuenta to consider
tonelada (*f.*) ton
trabajador(a) (*m., f.*) worker
trabajo (*m.*) work,
   employment, job
tradicional traditional
tradicionalmente traditionally
traer to bring
traficar to traffic, deal
tramitar to transact, deal
tramo (*m.*) section, portion
transacción (*f.*) transaction
transferir to transfer
transformar(se) to transform,
   process
transmitir to transmit
transnacional (*f.*) multinational
transportar to transport
transporte (*m.*) transportation
trasladarse to move to
traslado (*m.*) move, transfer
trastorno (*m.*) disturbance
tratado (*m.*) agreement, treaty
tratar to try
treinta thirty
tren (*m.*) train
tres three
tribunal (*m.*) court
tripulación (*f.*) crew
trueque (*m.*) exchange, barter
turismo (*m.*) tourism
turno (*m.*) appointment

U

últimamente lately, finally
último(a) last
una y otra vez time and time
   again
únicamente solely
único(a) only
unir to unite
uso (*m.*) use, usage
utilizar to use, utilize

V

vacilar to hesitate, waver
vale (*m.*) voucher
validez (*f.*) validity
valioso(a) useful, beneficial
valor (*m.*) value
variedad (*f.*) variety
varios several
vegetal (*m.*) vegetable
vehículo vehicle
velar to watch over, see to
vendedor(a) (*m., f.*) salesman
vender to sell
venta (*f.*) sale

venta al detalle retail sales
ventaja (*f.*) advantage
ver to see
verde green
versión (*f.*) translation, version
vertical vertical
vez time
vía (*f.*) route
vía férrea rail
viajante (*m.*) traveling salesman
vianda (*f.*) foodstuffs
vino (*m.*) wine
visitar to visit

vivienda (*f.*) apartment, housing
volumen (*m.*) volume

Y

ya already
yacimiento (*m.*) oilfield, mineral deposit

Z

zapato (*m.*) shoe

A

abbreviation abreviatura (*f.*)
ability habilidad (*f.*)
above all sobre todo
absenteeism ausentismo (*m.*)
abundance abundancia (*f.*)
abundant abundante
accelerate acelerar
access, entry acceso (*m.*)
accessory accesorio (*m.*)
accomplish realizar
according to según
accordingly, in consequence en consecuencia
account cuenta (*f.*)
accounting contabilidad (*f.*)
accounting period período contable
accuse acusar
activity actividad (*f.*)
add añadir
adequate adecuado(a)
adjective adjetivo (*m.*)
adjust ajustar
administration, management administración (*f.*)
administrator administrador (*m.*)
adopt adoptar
advance avanzar
advanced adelantado(a), avanzado(a)
advantage ventaja (*f.*)
advertise anunciar
adverstising (*adj.*) publicitario(a)
advertising (*n.*) propaganda (*f.*)
advertising medium medio publicitario
advice consejo (*m.*)
advise aconsejar, asesorar
affect afectar
after después
agency agencia (*f.*)
agent, broker agente (*m.*), corredor(a) (*m., f.*)
agreement acuerdo (*m.*), convenio (*m.*)
agreement, treaty tratado (*m.*)
agriculture agricultura (*f.*)
air aéreo(a)
air-conditioned, cooled, refrigerated refrigerado(a)

airline aerolinea (*f.*)
airport aeropuerto (*m.*)
alarm alarmar
alibi coartada (*f.*)
all todos
almost casi
already ya
although aunque
aluminum aluminio (*m.*)
ambition ambición (*f.*)
American americano(a) (*m., f.*), estadounidense
ample, extensive, wide amplio(a)
analyze analizar
ancillary, auxiliary auxiliar
announcement, ad anuncio (*m.*)
annually anualmente
Antilles (*of the*) antillano
antimony antimonio (*m.*)
apartment, housing vivienda (*f.*)
apparent aparente
appear aparecer
appearance aparición (*f.*)
appliance aparato (*m.*)
applicant solicitante (*m., f.*)
application solicitud (*f.*)
appoint nombrar
appointment turno (*m.*)
appraise aforar
appreciable apreciable
approve aprobar, autorizar
arable, tillable arable
arbitration arbitraje (*m.*)
archipelago archipiélago (*m.*)
as well as así como
Asian asiático(a)
ask for pedir
assembly ensambladora
assembly plant planta de ensamblaje
assets activo (*m.*)
assign asignar
assistance asistencia (*f.*)
associate asociado(a)
assume asumir
at the beginning of a principios de
at the end of al cabo de
at the same time al mismo tiempo
attempt intentar
attitude actitud (*f.*)
attractive atractivo(a)
austerity austeridad (*f.*)

authority autoridad (*f.*)
automotive automotor (automotriz)
avoid evitar

B

bail, bond fianza (*f.*)
balance saldo (*m.*)
balance sheet balance general
banana banano (*m.*)
bank banco (*m.*)
bank, banking bancario(a)
banking banca (*f.*)
bankruptcy bancarrota (*f.*), quiebra (*f.*)
barrel barril (*m.*)
basic, essential primordial, básico(a)
basically fundamentalmente
basin cuenca (*f.*)
basis base (*f.*)
bauxite bauxita (*f.*)
be ser
be able to poder
be about to estar a punto de
be based on basarse en
be called llamar(se)
be conducted llevar(se) a cabo
be due to deberse a
be equivalent equivaler
be exchanged for cambiar(se)
be good for convenir
be in charge of encargar(se) de, estar a cargo de
be located quedar
be readily available estar al alcance de la mano
be ruled regirse
be scarce escasear
be sure, be certain estar seguro
bean, grain grano (*m.*)
become convertirse
beef jerky tasajo (*m.*)
beet remolacha (*f.*)
begin comenzar, empezar
beginner novato(a) (*m., f.*)
belong pertenecer
below por debajo
benefit provecho (*m.*)
benefit, profit beneficiar
better, best mejor
between, among entre
bilingual bilingüe
bill, invoice factura (*f.*)
black negro(a)
blame culpar

board, committee junta (*f.*)

boat, ship barco (*m.*)

boil hervir

border (*adj.*) fronterizo(a)

border (*n.*) frontera (*f.*)

boring, bored aburrido(a)

boring, tedious tedioso(a)

born nacido(a)

borrow pedir prestado

branch sucursal (*f.*)

brand marca (*f.*)

breach of contract incumplimiento de un contrato

bridge puente (*m.*)

briefly brevemente

bring traer

brink, edge borde (*m.*)

brown sugar azúcar cruda

budget presupuesto (*m.*)

building, construction (*adj.*) constructor(a)

bundle bulto (*m.*)

bus autobús (*m.*)

business (*adj.*) empresarial

business (*n.*) negocio (*m.*)

businessman (woman) negociante (*m., f.*), hombre (mujer) de negocios (*m., f.*)

but sino

buy comprar

by chance accidentalmente

by means of mediante

by the middle of the 80's para mediados de los 80

byproduct subproducto (*m.*)

C

cable television televisión por cable (*f.*)

calendar year año natural

campaign campaña (*f.*)

cancel anular

candidate candidato (*m.*)

capable capaz

capacity, capability, talent capacidad (*f.*)

capture, taking of toma (*f.*)

car automóvil (*m.*)

cardboard cartón (*m.*)

care cuidado (*m.*)

career, profession carrera (*f.*)

cargo, loading carga (*f.*)

carry cargar

case caso (*m.*)

cash register caja contadora (*f.*), caja registradora (*f.*)

cashier cajero (*m.*)

catalog catálogo (*m.*)

cause (*n.*) causa (*f.*)

cause (*vb.*) ocasionar

caused motivado(a)

century siglo (*m.*)

certain, fixed determinado(a)

certain, sure cierto(a)

certificate issued by a *banco de capitalización* póliza de capitalización

certificate, policy póliza (*f.*)

chain cadena (*f.*)

chamber cámera (*f.*)

channel canal (*m.*)

charged cargado(a)

cheap, inexpensive barato(a)

check comprobar, revisar

chemical químico(a)

choose, select seleccionar, escoger

chronologically cronológicamente

circulate circular

circulation circulación (*f.*)

citizenship ciudadanía (*f.*)

citrus fruit cítrico (*m.*)

civil laws código civil (*m.*)

claim reclamación (*f.*)

claim (*vb.*) alegar

classify, divide dividir, clasificar

clause cláusula (*f.*)

clean limpio(a)

clerk oficinista (*m., f.*)

client, customer cliente (*m., f.*), (*pl.* clientela)

climate clima (*m.*)

close cerrar

clothes ropa (*f.*)

clothing industry industria de la aguja

coal carbón (*m.*)

code, statue código (*m.*)

coffee café (*m.*)

coffee pot, coffee machine cafetera (*f.*)

collaborate, cooperate, assist colaborar

collaboration, cooperation colaboración (*f.*)

collect cobrar

collection, gathering recolección (*f.*)

colonist colonizador (*m.*)

combustion combustión (*f.*)

come (go) to the rescue acudir

come from provenir, ser originario de

come off well quedar bien

come to a standstill paralizar

coming from procedente

command orden (*f.*)

commercial comercial, mercantil

commercial corporation sociedad mercantil (*f.*)

commercial laws código mercantil (*m.*)

commission (*someone working on*) comisionista (*m., f.*)

commonly comunmente

Communism comunismo (*m.*)

company, firm empresa (*f.*), compañía (*f.*)

company, signature firma (*f.*)

compare comparar, igualar

compensate for compensar

compete competir

competent capacitado(a)

competitive competidor(a)

competitor competidor(a) (*m., f.*)

compiled compilado(a)

complex (*adj.*) complejo(a)

complex (*n.*) complejo (*m.*)

computer computadora (*f.*)

conceived concebido(a)

concern oneself with ocuparse de

conclude celebrar

conclusion conclusión (*f.*)

concrete concreto(a)

condition condición (*f.*)

conduct llevar a cabo

confiscate confiscar

confrontation enfrentamiento (*m.*)

consequence consecuencia (*f.*)

conservative conservador(a)

consider considerar, tomar en cuenta

consist of consistir

constructed, built construido(a)

construction construcción (*f.*)

consultation consulta (*f.*)

consumer consumidor(a) (*m., f.*)

consumer goods artículos de consumo

consumption consumo (*m.*)

contain contener

container contenedor (*m.*)

content contenido (*m.*)

continuously continuamente

contraband, smuggling
contrabando (*m.*)
contract contrato (*m.*)
contracting parties partes (*f.*)
contribute contribuir
control control (*m.*)
control controlar
cooked cocido(a)
copper cobre (*m.*)
corporation corporación (*f.*)
corporation, legal entity
persona jurídica
correct acertado(a), llamar la
atención
correspondence
correspondencia (*f.*)
corrupt corromper
cost coste(o) (*m.*)
cost costar
country país (*m.*)
court tribunal (*m.*)
cover recorrer
coworker compañero(a)
(*m., f.*)
craft, trade oficio (*m.*)
craftsman artesano (*m.*)
create, originate crear
creation creación (*f.*)
credit crédito (*m.*)
credit account cuenta acreedora
creditor acreedor (*m.*)
crew tripulación (*f.*)
critical crítico(a)
criticism crítica (*f.*)
crop, harvest cosecha (*f.*)
cross cruzar
cruise ship, cruise crucero (*m.*)
cubic foot pie cúbico (*m.*)
cultivation, planting cultivo
(*m.*)
cup, mug taza (*f.*)
curious curioso(a)
customs aduana (*f.*)
cut cortar

D

daily diario(a)
damage perjuicio (*m.*)
dance danza (*f.*)
dangerous peligroso(a)
date fecha (*f.*)
dead weight peso muerto (*m.*)
dealer, trader, merchant
comerciante (*m.*),
distribuidor(a) (*m., f.*)
debit account cuenta deudora

debit indebtedness adeudo
(*m.*)
debt deuda (*f.*)
decade década (*f.*), decenio
(*m.*)
deceased fallecido(a)
decide decidir, tomar decisiones
decrease, lessen disminuir
dedicate dedicar
defend defender
deficit déficit (*m.*)
degree grado (*m.*)
delay demora (*f.*)
delegate delegar
delicacies delicias (*f.*)
delicious delicioso(a)
delivery entrega (*f.*)
demand demanda (*f.*),
exigencia (*f.*)
demand, call for exigir
dental dental
deny, reject denegar, negar
depend depender
deposit depósito (*m.*)
descendant descendiente
(*m., f.*)
describe calificar
deserve merecer
designed diseñado(a)
destitution, poverty miseria
(*f.*)
detailed detallado(a)
devaluation devaluación (*f.*)
development desarrollo (*m.*),
fomento (*m.*)
development bank banco de
fomento
devoted dedicado(a)
different distinto(a)
directly directamente
director general gerente
(*m., f.*)
disadvantage desventaja (*f.*)
discharge, performance
desempeño (*m.*)
discount descuento (*m.*),
redescuento (*m.*)
discourage desalentar
discovery descubrimiento (*m.*)
discriminated discriminado(a)
discrimination discriminación
(*f.*)
dismantle desmantelar
disposition, stipulation
disposición (*f.*)
distinguish, recognize distinguir
distribute, assign distribuir

distribution distribución (*f.*)
disturbance trastorno (*m.*)
domestic savings ahorro
doméstico
drink bebida (*f.*)
drop out of sight, disappear
desaparecer
drop, fall baja (*f.*)
due to debido a

E

eager, anxious deseoso(a)
easily fácilmente
easy fácil
economic crisis crisis
económica
economics economía (*f.*)
economist economista (*m., f.*)
effectiveness efectividad (*f.*)
efficient efectivo(a), eficaz
effort esfuerzo (*m.*)
egg huevo (*m.*)
electrical eléctrico(a)
electronic electrónico(a)
eleventh décimo-primer(a)
eliminate eliminar
elimination eliminación (*f.*)
embark embarcar
emerge, arise surgir
emerged surgido(a)
employ emplear
employee empleado(a) (*m., f.*)
employer patrono (*m.*)
employment, hiring
contratación (*f.*)
encourage alentar
end terminar
endanger poner en peligro
energy energía (*f.*)
engaged empeñado(a)
engineer ingeniero(a) (*m., f.*)
engineering ingeniería (*f.*)
English inglés (*m.*)
enormous enorme
enough basta, bastante
enter entrar
enter, record anotar, asentar
enthusiasm entusiasmo (*m.*)
entrance entrada (*f.*)
entrusted to encargado de(a)
entry anotación (*f.*), asiento
(*m.*)
entry in the general ledger pase
al mayor
equip equipar
equipment, team equipo (*m.*)

equivalent equivalente
error, mistake error (*m.*), fallo (*m.*)
escape from librarse de
essence esencia (*f.*)
essential indispensable
establish, set up establecer
establishment establecimiento (*m.*)
estimate estimado (*m.*)
estimate, believe estimar
ethnic étnico(a)
ethylene etileno (*m.*)
European Common Market mercado común europeo
evade taxation evadir al fisco
evaluate evaluar
evaluation evaluación (*f.*)
even more than aun más
even when aun cuando
everybody todo el mundo
evidence constancia (*f.*)
exactness, accuracy exactitud (*f.*)
examine examinar
example ejemplo (*m.*)
except excepto
exception excepción (*f.*)
exceptional excepcional
exchange intercambiar
exchange, barter, change trueque (*m.*), cambio (*m.*), intercambio (*m.*)
executive ejecutivo(a)
exempt, free from exento(a)
exemption exención (*f.*)
exiled exilado(a)
expedition expedición (*f.*)
expenses, cost gasto (*m.*)
expensive costoso(a)
experience experiencia (*f.*)
experiment experimentar
expert experto(a) (*m., f.*), perito (*m.*)
explain explicar
explanation explicación (*f.*)
exporter exportador(a) (*m., f.*)
exports, exportation exportación (*f.*)
express oneself expresarse
extend extender
extensively ampliamente
extract, mine extraer
extraction extracción (*f.*)

F

facility facilidad (*f.*)
fact, factor hecho (*m.*)
fact, information dato (*m.*)
factory fábrica (*f.*)
fail fracasar
fairly equitativamente
family framiliar
farm worker campesino (*m.*)
farming agrícola
fascist fascista (*m., f.*)
favorable propicio(a)
favored favorecido(a)
favorite favorito(a)
feed pienso (*m.*)
feel sentir
fertilizer abono (*m.*), fertilizante (*m.*)
finally al cabo
financed financiado(a)
finances finanzas (*f.*)
financial, economic económico(a)
financial statement estado financiero
financing financiamiento (*m.*)
find out averiguar
find them encontrarlos
fire, dismiss despedir
firm casa (*f.*)
first primero(a)
fiscal year año fiscal
fish pescado (*m.*)
fishing pesquero(a)
five hundred quinientos(as)
fixed fijado(a)
flag bandera (*f.*)
flavor sabor (*m.*)
fleet flota (*f.*)
flower (*n.*) flor (*f.*)
flower (*vb.*) florecer
fluctuate fluctuar
food alimento (*m.*)
foodstuff (*adj.*) alimenticio(a)
foodstuff (*n.*) vianda (*f.*)
for pues
for example por ejemplo
for fear of por temor a
for, by, through, along por
for, by, to, in order to para
force obligar
forced obligado(a)
forecast (*n.*) pronóstico (*m.*)
forecast (*vb.*) predecir
forecast, prediction predicción (*f.*)

foreign extranjero(a), foráneo(a)
foreign exchange divisas (*f.*)
foreman capataz (*m.*)
forest forestal
form forma (*f.*)
formalities formalidades (*f.*)
former, previous, aforementioned anterior
fortune, luck fortuna (*f.*)
fourth cuarto(a)
free libre
freeway, highway autopista (*f.*)
freighter carguero (*m.*)
frequent frecuente
fresh fresco(a)
friendship amistad (*f.*)
frigorific frigorífico (*m.*)
fringe benefits beneficios adicionales
from time immemorial desde el tiempo de los moros
from time to time de vez en cuando
from, since a partir de
fruit fruta (*f.*)
fry freír
fuel carburante (*m.*)
fulfill, comply with cumplir
function función (*f.*)
fund fondo (*m.*)
funds capital (*m.*)
furnish services, work prestar servicios
furthermore además
future (*adj.*) futuro(a)
future (*n.*) futuro (*m.*)

G

garment industry industria del vestido
gasoline gasolina (*f.*)
general ledger mayor (*m.*)
generalized generalizado(a)
generally generalmente, por lo común
generate generar
generation generación (*f.*)
German alemán(a)
get in touch, communicate comunicar
get into debt endeudarse
get upset, get angry enojarse
get, obtain conseguir

ghost, phantom fantasma (*m.*)
gigantic gigantesco(a)
give up renunciar
go bankrupt quebrar
go down bajar
goal aspiración (*f.*)
gold oro (*m.*)
good bueno(a)
government gobierno (*m.*)
grade, category categoría (*f.*)
grain bulk carrier granelero (*m.*)
grant conceder
granting concesión (*f.*)
green verde
gross national product (GNP) producto doméstico bruto
gross weight registro bruto
ground (*n.*) terreno (*m.*)
ground, land (*adj.*) terrestre
group conjunto (*m.*)
growing, increasing creciente
growth crecimiento (*m.*)
guarantee asegurar, garantizar
guess correctly, be right acertar

H

habit costumbre (*f.*)
half mitad (*f.*)
half close entornar
handle, manage manejar
handling, managing manejo (*m.*)
happen suceder
happy feliz
harbor portuario(a)
have tener
have to tener que
have recourse to apelar
have the benefit of disfrutar
heading encabezamiento (*m.*)
headquarters, holding company matriz (casa matriz) (*f.*), sede (*f.*)
health salud (*f.*)
heavy pesado(a)
help, assistance ayuda (*f.*)
hesitate, waver vacilar
high alto(a)
highway carretera (*f.*)
Hispanic hispánico(a)
hold up, stop detener(se)
home hogar (*m.*)
honest honrado(a)
hospitalization hospitalización (*f.*)

hot sauces salsas picantes
hours of work, shift jornada (*f.*)
household appliance electrodoméstico (*m.*)
however sin embargo
human being ser humano
humiliation humillación (*f.*)
hundred centenar (*m.*)
hundreds cientos
husband marido (*m.*)
husk of sugarcane bagazo (*m.*)

I

ideological ideológico(a)
ill will mala volutad
immigrant inmigrante (*m., f.*)
immigration inmigración (*f.*)
importance auge (*m.*)
importer importador(a) (*m., f.*)
imports, importation importación (*f.*)
impose itself imponerse
improve mejorar
improved mejorado(a)
improvement mejoramiento (*m.*)
impulse impulso (*m.*)
in cash en efectivo
in charge of a cargo de
in principle en principio
in relationship to en relación con
in search of en busca de
in spite of a pesar de
in the case of cuando se trate de
in the process of en vías de
in the same way del mismo modo
in virtue of por virtud de
in, at en
inappropriate, unsuitable inapropiado(a)
incapable incapaz
inch pulgada (*f.*)
include incluir
income, revenue ingreso (*m.*)
increase (*n.*) aumento (*m.*), incremento (*m.*)
increase (*vb.*) aumentar, incrementar
indemnification, compensation indemnización (*f.*)

indirectly indirectamente
individual persona física
individual persona natural
industrial industrial
industrialization industrialización (*f.*)
industry industria (*f.*)
inflation inflación (*f.*)
infrastructure infraestructura (*f.*)
infuse, imbue imbuir
inhabitant habitante (*m., f.*)
inheritance herencia (*f.*)
initial inicial
initially inicialmente
inn hostería (*f.*)
inspect inspeccionar
inspector inspector(a) (*m., f.*)
instability inestabilidad (*f.*)
install instalar
installation instalación (*f.*)
instead of en lugar de
institute instituto (*m.*)
instructor instructor(a) (*m., f.*)
insufficient insuficiente
insurance seguro (*m.*)
integration integración (*f.*)
intended for destinado(a)
interest interés (*m.*)
interest rate tasa de interés
interested interesado(a)
interesting interesante
internal interno(a)
interplay relación (*f.*)
intervene, take part intervenir
interview entrevista (*f.*)
invent, make up inventar
invention invención (*f.*)
invest invertir
investment inversión (*f.*)
investor inversionista (*m., f.*)
iron and steel center centro siderúrgico
iron ore mineral de hierro (*m.*)
island isla (*f.*)
isolation aislamiento (*m.*)
issue (*n.*) emisión (*f.*)
issue (*vb.*) emitir
it isn't true no es cierto
Italian italiano(a)
item artículo (*m.*)
item, line renglón (*m.*)
itinerary, route itinerario (*m.*)

J

Japanese japonés(esa)
job empleo (*m.*), puesto (*m.*)
job title título (*m.*)
join ingresar
journal entry asiento en el diario
journal, daily newspaper diario (*m.*)
judge (*n.*) juez (*m., f.*)
judge (*vb.*) juzgar
jump to conclusions hacer juicios a la ligera
June junio (*m.*)
just justo(a)
just arrived recién llegados
justice justicia (*f.*)

K

key clave (*f.*)
know conocer
know well dominar
knowledge conocimento (*m.*)

L

label etiqueta (*f.*)
labeling etiquetaje (*m.*)
labor (*adj.*) laboral
labor (*n.*) mano de obra
labor dispute conflicto laboral
labor force fuerza de trabajo
labor laws código laboral (*m.*)
laborer jornalero(a) (*m., f.*)
lack falta (*f.*)
land tierra (*f.*)
language idioma (*m.*)
large grande
last pasado(a), último(a)
late tarde
lately, finally últimamente
launch lanzar
law ley (*f.*)
lead plomo (*m.*)
leader gobernante (*m., f.*), líder (*m., f.*)
leadership directivo(a)
learn, find out enterarse
left-wing izquierdista
legal provision disposición legal (*f.*)
legislation legislación (*f.*)
lending institution, loan company institución de crédito

level nivel (*m.*)
liabilities pasivo (*m.*)
light ligero(a)
like como
limit limitar
limited limitado(a)
line línea (*f.*)
list lista (*f.*)
loan (*n.*) préstamo (*m.*)
loan (*vb.*) prestar
locally localmente
logical lógico(a)
long largo(a)
lose perder
lose one's temper perder los estribos
loss pérdida (*f.*)
low bajo(a)

M

made up of formada por
magnificent manífico(a)
mail correo (*m.*)
main, major mayor
maintain mantener
maintenance mantenimiento (*m.*)
majority mayoritario(a)
make hacer
make a mistake equivocarse, cometer un error
make matters worse para colmo de males
make them reach hacerlos llegar a
manage, direct dirigir
management dirección (*f.*)
manager, entrepreneur empresario(a) (*m., f.*)
manager, leader dirigente (*m., f.*)
mandate, order ordenar
manganese manganeso (*m.*)
manufacture (*n.*) fabricación (*f.*)
manufacture (*vb.*) fabricar
manufactured article, ready-made garment confección (*f.*)
manufacturer fabricante (*m., f.*), productor(a) (*m., f.*)
maritime marítimo(a)
market mercado (*m.*)
marketed comercializado(a)
marketing comercialización (*f.*), mercadeo (*m.*)

marketing director director(a) commercial (*m., f.*)
marketing research investigación de mercados
married casado(a)
matter, question cuestión (*f.*), punto (*m.*)
mattress colchón (*m.*)
meanwhile mientras tanto
measure medida (*f.*)
meat carne (*f.*)
mechanization mecanización (*f.*)
mechanize mecanizar
medical médico(a)
medicine medicina (*f.*)
medium-sized mediano(a)
member afiliado (*m.*), miembro (*m.*)
mention mencionar
merchandise, goods mercancía (*f.*)
merchant mercante
merge fundir
messenger mensajero(a) (*m., f.*)
metallurgic metalúrgico(a)
method método (*m.*)
middle ages edad media
middleman intermediario(a) (*m., f.*)
million millón (*m.*)
millionaire millonario(a) (*m., f.*)
mine mina (*f.*)
mineral mineral (*m.*)
minimum mínimo(a)
mining (*adj.*) minero(a)
mining (*n.*) minería (*f.*)
minority (*adj.*) minoritario(a)
minority (*n.*) minería (*f.*)
miracle milagro (*m.*)
misleading engañoso(a)
mix mezcla (*f.*)
modernize modernizar
molasses miel (*f.*)
money, currency moneda (*f.*)
monopolize acaparar
monthly mensualmente
most of mayor parte
mother country metrópoli (*f.*)
motive, reason motivo (*m.*)
motor motor (*m.*)
mountainous montañoso(a)
move to trasladarse
move, transfer traslado (*m.*)
movement, transfer movimiento (*m.*)

movement, transfer
movimiento (*m.*)

multinational transnacional
(*f.*)

multinational corporation
multinacional (*f.*)

N

name nombre (*m.*)

national nacional

nationalization nacionalización
(*f.*)

nationalize nacionalizar

necessary necesario(a)

need necesidad (*f.*)

negative negativo(a)

network red (*f.*)

never nunca

nevertheless, however no
obstante

news noticia (*f.*)

newspaper periódico (*m.*)

nickel níquel (*m.*)

nitrate nitrato (*m.*)

nitrogen nitrógeno (*m.*)

non-fulfillment incumplimiento
(*m.*)

non-profit organizations
corporaciones no lucrativas

notably notablemente

notary public notario público
(*m.*)

note nota (*f.*)

noteworthy notable

nowadays actualmente

numerous numeroso(a)

O

objective, goal objetivo (*m.*)

obligation, duty obligación
(*f.*)

observe observar

obsolete obsoleto(a)

obstacle obstáculo (*m.*)

obstruct dificultar

obtain lograr, obtener

obvious obvio(a)

octane rating octanaje (*m.*)

of, from de

officer, official oficial (*m.*)

official funcionario(a) (*m. f.*)

often a menudo

oil exporting countries países
exportadores de petróleo

oil industry petrolera (*f.*)

oil, petroleum petróleo (*m.*)

oil, petroleum oro negro

oilfield, mineral deposit
yacimiento (*m.*)

old antiguo(a)

olive aceituna (*f.*)

olive oil aceite de oliva (*m.*)

on account a cuenta

on foot a pie

on the contrary por el contrario

oneself sí mismo

only sólo(a), único(a)

opening apertura (*f.*)

operate operar

operation funcionamiento
(*m.*)

operation, running explotación
(*f.*)

opportunity oportunidad (*f.*)

optimistic optimista

optimum, very best óptimo(a)

option opción (*f.*)

optometry optometría (*f.*)

ore mena (*f.*)

organization, institution entidad
(*f.*), organismo (*m.*)

oriented dirigido(a)

originating from originado(a)

others demás

our, ours nuestro

outlay egreso (*m.*)

outside fuera

outside of work extralaboral

over, about sobre

overpopulated superpoblado(a)

own, special propio(a)

owner propietario(a) (*m., f.*)

P

package paquete (*m.*)

packaging empaquetado (*m.*)

packing plant envasadora (*f.*)

page plana (*f.*)

page, folio folio (*m.*)

paid pagado(a), renumerado(a)

paper, role papel (*m.*)

part parte (*f.*)

participation participación (*f.*)

partner socio (*m.*)

pass into the possession of
pasar a poder de

pass through, go through
atravesar

pass, exceed pasar

passenger pasajero(a) (*m., f.*)

patience paciencia (*f.*)

pattern, standard patrón (*m.*)

paved pavimentado(a)

pay pagar

pay attention to prestar
atención

pay attention to, assist atender

payable pagadero(a)

peculiar particular

penal code código penal (*m.*)

penetrate, infiltrate penetrar

percentage porcentaje (*m.*)

perfectly perfectamente

perhaps quizás, tal vez

period época (*f.*), período
(*m.*)

perishable perecedero(a)

person persona (*f.*)

personnel personal (*m.*)

perspective, outlook, prospect
perspectiva (*f.*)

persuade persuadir

pesticide insecticida (*m.*)

petrochemical petroquímico(a)

petrochemical industry
petroquímica (*f.*)

pharmaceutical farmacéutico(a)

phase, stage fase (*f.*)

phenomenon fenómeno (*m.*)

philosophy filosofía (*f.*)

phone book, directory
directorio (*m.*)

phrase frase (*f.*)

pipeline oleoducto (*m.*)

plain llanura (*f.*)

plan (*n.*) plan (*m.*)

plan (*vb.*) planear

plane avión (*m.*)

planning planificación (*f.*)

plantation plantación (*f.*)

play jugar

please complacer

point out destacar, señalar

polemic, controversy polémica
(*f.*)

policy, politics política (*f.*)

political político(a)

poll encuesta (*f.*)

population población (*f.*)

pork sausage chorizo (*m.*)

port puerto (*m.*)

position cargo (*m.*)

positioned orientado(a)

possibly posiblemente

post office savings bank caja
postal de ahorro

power poder (*m.*)
practice práctica (*f.*)
prefer preferir
preference preferencia (*f.*)
preferential preferencial
premium prima (*f.*)
prepare, draw up confeccionar
present, current actual
presented presentado(a)
preserved fruit dulces en almíbar
price precio (*m.*)
printing impresión (*f.*)
private privado(a)
privatization privatización (*f.*)
problem problema (*m.*)
procedure procedimiento (*m.*)
process proceso (*m.*)
processing procesamiento (*m.*)
produce producir
produced producido(a)
product producto (*m.*)
production producción (*f.*)
production level nivel de producción
productivity productividad (*f.*)
profit beneficio (*m.*), ganancia (*f.*)
profit and loss statement, income statement estado de pérdidas y ganancias
profitable lucrativo(a)
project proyecto (*m.*)
promising prometedor(a)
promising, encouraging alentador
promote promover
promoter promotor(a) (*m., f.*)
promotion ascenso (*m.*), promoción (*f.*)
proof prueba (*f.*)
property, wealth bienes (*m.*), propiedad (*f.*)
proportionally proporcionalmente
propose proponer
protect proteger
protection protección (*f.*)
protest protestar
prove demostrar, probar
psychology psicología (*f.*)
public público(a)
public works obras públicas (*f.*)
publicity publicidad (*f.*)
publish editar, publicar

publisher editor(a) (*m., f.*)
purchasing habits hábitos de compra
purchasing power poder adquisitivo
put poner

Q

quadruple cuadruplicar
qualifications calificaciones (*f.*)
qualified calificado(a)
quality calidad (*f.*)
quantity, amount cantidad (*f.*), cifra (*f.*)
quick professional training formación profesional acelerada

R

radiate irradiar
radio radio (*f.*)
rage ira (*f.*)
rail vía férrea (*f.*)
railroad ferrocarril (*m.*)
railway ferroviario(a)
rapidly rápidamente
rate tasa (*f.*)
rate, rhythm ritmo (*m.*)
raw material materia prima (*f.*)
raw, unworked en bruto
reach, amount to alcanzar
reach, arrive at llegar
ready dispuesto(a)
real estate bienes raíces
reality realidad (*f.*)
realize darse cuenta de
reason razón (*f.*)
receipt recibo (*m.*)
recently recientemente
reciprocal, mutual recíproco(a)
reckon that calcular que
recognition reconocimento (*m.*)
recommend recomendar
recommendation recomendación
reconversion, refurbishment reconversión (*f.*)

recover recuperar
red beans habichuelas coloradas (*f.*)
reduce, cut reducir
reduction rebaja (*f.*)
refer to referirse
reference referencia (*f.*)
refine refinar
refinery refinería (*f.*)
refried beans frijoles refritos
refute desmentir
register (*n.*) registro (*m.*)
register (*vb.*) abanderar
regrettable lamentable
regulate regular
regulation reglamento (*m.*)
relating to relativo(a), referente
reliable confiable
rely on contar con
remain seguir en pie
remember acordarse (de)
render accountable, bind comprometer
repair shop taller (*m.*)
reply respuesta (*f.*)
report informe (*m.*)
represent representar
representative, agent representante (*m., f.*)
require requerir
requirement requisito (*m.*)
reread releer
research investigación (*f.*)
reserve reservar
reside in radicar
resident residente
resources recursos (*m.*)
respect respeto (*m.*)
respond, result from responder
responsibility responsabilidad (*f.*)
responsible responsable
rest resto (*m.*)
restriction restricción (*f.*)
restrictive restrictivo(a)
result resultado (*m.*)
retail sales venta al detalle
retailer detallista (*m., f.*)
return rentabilidad (*f.*)
right, law derecho (*m.*)
ripen madurar
rise alza (*m.*)
risk riesgo (*m.*)
risky riesgoso(a)
route ruta (*f.*), vía (*f.*)
run away huir

S

sale venta *(f.)*
salesman vendedor(a) *(m., f.)*
same mismo(a)
sample muestra *(f.)*
samples, sample case muestrario *(m.)*
sanitary higiénico(a)
satisfy satisfacer(se)
save salvar
savings ahorro *(m.)*
scale escala *(f.)*
scarce escaso(a)
scarcity, shortage escasez *(f.)*
scorn, despise desdeñar
screen criba *(f.)*
scrupulous escrupuloso(a)
seafood marisco *(m.)*
second segundo *(m.)*
Second World War la segunda guerra mundial
section sección *(f.)*
section, portion tramo *(m.)*
see ver
sell vender
semiconductor semiconductor *(m.)*
send mandar
sense sentido *(m.)*
sensible sensato(a)
serenity serenidad *(f.)*
serious grave
serve servir
service industries servicios *(m.)*
settlement, reconciliation conciliación *(f.)*
several varios
shackle, restrain poner trabas
ship buque *(m.)*
shipment envío *(m.)*
shipping naviero(a)
shipyard astillero *(m.)*
shoe zapato *(m.)*
short corto(a)
show, record indicar
sign a contract, hire contratar
significant significativo(a)
silver plata *(f.)*
similar similar
sixth sexto(a)
size tamaño *(m.)*
so much tanto
so, like this (that) así
social social

social security seguridad social *(f.)*
social status consideración social
solely únicamente
solution solución *(f.)*
some, any alguno(a)
some, any alguno
somebody else's lo ajeno
soon pronto
sophisticated sofisticado(a)
source fuente *(f.)*
southeast sudeste *(m.)*
southwest suroeste *(m.)*
space espacio *(m.)*
Spanish español(a)
Spanish speaking de habla española
special especial
specific específico(a)
spectacular espectacular
spend gastar
spider araña *(f.)*
spider's web tela de araña
spirits *(industry)* alcoholero(a)
sponsor, support patrocinar
spread cundir
stability estabilidad *(f.)*
stable estable
stage, phase etapa *(f.)*
stamp estampilla *(f.)*
standard of living nivel de vida *(m.)*
start from partir de
state *(adj.)* estatal
state *(n.)* estado *(m.)*
statistics estadística *(f.)*
steel acero *(m.)*
stevedore estibador *(m.)*
stipulate estipular
stipulation, proviso estipulación *(f.)*
stop at hacer escala en
store comercio *(m.)*
strategic reserves reservas estratégicas
stress, strain tensión *(f.)*
strictly estrictamente
strike huelga *(f.)*
strike, hit golpear
struggle lucha *(f.)*
study estudio *(m.)*
subconscious inconsciente
submit to someterse a
subordinate, employee subordinado(a) *(m., f.)*

subscriber suscriptor(a) *(m., f.)*
subsidized subvencionado(a)
subsidy subvención *(f.)*
substitute sustituir
success éxito *(m.)*
sudden súbito
suddenly bruscamente
suffer sufrir
sugar *(adj.)* azucarero(a)
sugar *(n.)* azúcar *(m.)*
sugarcane cañero, caña de azúcar *(f.)*
suggest sugerir
suitable, advantageous conveniente
supermarket supermercado *(m.)*
supervisor supervisor(a) *(m., f.)*
supplier proveedor(a) *(m., f.)*
supply *(n.)* oferta *(f.)*, suministro *(m.)*
supply *(vb.)* ofrecer, suministrar
supply itself with autobastecerse
support apoyo *(m.)*
support, endorse respaldar
suppose suponer
surely seguramente
surpass, overcome superar
survive pervivir, subsistir
sustain, support sostener
synthetic sintético(a)
system sistema *(m.)*

T

take advantage of, make use of aprovechar
take away quitar
take charge of, take responsibility for hacerse cargo de
take firm measures dar pasos firmes
take into account tener en cuenta
take notice fijarse
take out sacar
tanker tanque *(m.)*
tariff tarifa *(f.)*
task tarea *(f.)*
taste gusto *(m.)*
tax impuesto *(m.)*
tax laws ley general tributaria *(f.)*

technician técnico (*m.*)
technology tecnología (*f.*)
telephone teléfono (*m.*)
telephone company compañía
   telefónica

television viewer televidente
   (*m., f.*)
tend to tender
textile textil
thanks agradecimiento (*m.*)
the normal lo normal
the same, similar, equal igual
then entonces
therefore por tanto
thing cosa (*f.*)
third tercio (*m.*)
thirteenth décimo-tercero(a)
thirty treinta
thought-provoking sugerente
three tres
through a través de
time vez
time and time again una y otra
   vez
tin estaño (*m.*)
tired cansado(a)
to a great extent en gran
   medida
tobacco tabaco (*m.*)
together juntos
ton tonelada (*f.*)
tool herramienta (*f.*)
tourism turismo (*m.*)
toward hacia
trade or labor union sindicato
   (*m.*)
traditional tradicional
traditionally tradicionalmente
traffic, deal traficar
train tren (*m.*)
trainable entrenable
trained entrenado(a)
training adiestramiento (*m.*),
   capacitación (*f.*),
   entrenamiento (*m.*),
   formación (*f.*)
transact, handle tramitar
transaction transacción (*f.*)
transfer transferir
transform, process
   transformar(se)
translation, version versión
   (*f.*)

transmit transmitir
transport transportar
transportation transporte (*m.*)
traveling salesman viajante
   (*m.*)
trend, tendency tendencia (*f.*)
trial balance balance de
   comprobación
try tratar
tune in sintonizar
turn out resultar
turn to recurrir
type, kind tipo (*m.*)
typical típico(a)

U

U.S. Bureau of the Census
   oficina del censo de EE.UU.
uncertain incierto(a)
uncomfortable incómodo(a)
underdeveloped
   subdesarrollado(a)
understand, include
   comprender
undocumented workers
   indocumentados(as) (*m., f.*)
unemployed desempleado(a)
unemployment desempleo (*m.*)
unfortunately desgraciadamente
unite unir
unjustly injustamente
unload descargar
unloading descarga (*f.*)
unpleasant desagradable
unwillingness, lack of motivation
   desgano (*m.*)
up to hasta
use, usage uso (*m.*)
use, utilize utilizar
used empleado(a)
useful, beneficial valioso(a)

V

vacated abandonado(a)
validity validez (*f.*)
value valor (*m.*)
variety variedad (*f.*)
various diverso(a)
vegetable vegetal (*m.*)
vehicle vehículo (*m.*)
vertical vertical
visit visitar

volume volumen (*m.*)
voucher vale (*m.*)

W

wages salario (*m.*), sueldo
   (*m.*)
watch over, see to velar
waterbed cama de agua (*f.*)
wave ola (*f.*)
way manera (*f.*)
wealth, richness riqueza (*f.*)
weight peso (*m.*)
well pozo (*m.*)
while · mientras
while, at the time that al tiempo
   que
wholesaler mayorista (*m.*)
whose cuyo(a)
win, earn ganar
wine vino (*m.*)
winning ganador(a)

with regard to en cuanto a
with the possibility of, looking at
   con vistas a
within reach a su alcance
work, employment, job trabajo
   (*m.*)
work area área de trabajo
work stoppage paro (*m.*)
worker, operator operario(a)
   (*m., f.*), trabajador(a) (*m., f.*)
working conditions condiciones
   de trabajo
world mundo (*m.*), orbe
   (*m.*)
world, world-wide mundial
worse, worst peor
write, draft redactar

Y

year año (*m.*)
yellow pages páginas amarillas
yield rendir
young joven (*m., f.*)
yours, his, hers, theirs suyo(a)

Z

zinc cinc (*m.*)

1 2 3 4 5 6 7 8 9 0